저자는 각 지역을 회복시키는 '하나님 나라의 공동체'를 세우라는 출애굽기의 요청을 살피고, 소외된 이들에게 새 힘을 불어넣는 성경적 리더십 모델들을 탐구한다. 독자들은 하나님의 거룩하신 성품 속에 사회 정의를 추구하며 그분의 뜻에 합한 공동체를 이루어 가라는 부르심이 담겨 있음을 알게 될 것이다. 이 책의 매 페이지에서는 제자도와 지역 사회 봉사를 향한 저자의 열정이 생생히 드러나고 있다. 이 책은 자신들의 지역에 하나님 나라의 선한 영향력을 미치고자 하는 교회들에게 탁월한 자원이 될 것이다.

— **린 코힉**(노던 신학교 학장)

이제 찰턴 헤스턴의 영화 "십계"는 잊으라. 마크 글랜빌은 출애굽기에 담긴 내용이 그저 이스라엘 백성이 애굽에서 탈출한 이야기만이 아님을 보여 준다. 오히려 그것은 이전과는 전혀 다른 유형의 한 사회가 생겨나서 완전히 새로운 왕께 충성을 다짐하게 된 일을 다룬 급진적인 이야기다. 성경 본문에 대한 저자의 탁월한 분석은 우리가 속한 교회가 선교적인 상상력을 키워 가며 하나님의 위대한 통치의 징표로서 살아가도록 돕는다.

— **마이클 프로스트**(몰링 칼리지 틴슬리 연구소 창립 디렉터)

마크 글랜빌은 바람직한 성경 해석자의 자질을 모두 갖추고 있다. 학문적인 동시에 열정적이며, 교회를 중시하는 동시에 사회 정의를 갈망한다. 지혜롭고도 친절하며, 교실과 강단, 거리에서 모두 적용될 수 있는 메시지를 적절히 제시한다. 이 책은 내게 출애굽기의 교훈들을 다시금 생생히 들려주었다.

— **제이슨 비어서**(밴쿠버 신학교 설교학과 성경 해석 담당 버틀러 석좌 교수)

우리에게 익숙한 성경 본문들을 이전과 다른 시각에서 바라보는 것은 언제나 신선한 경험이다. 마크 글랜빌은 이스라엘 백성이 비인간적인 노예살이를 벗어나서 하나의 언약 공동체, 곧 '하나님의 가족'을 이루고 그에 따른 모든 복과 책임을 부여받은 일에 관한 근원적인 서사시를 창의적인 방식으로 다시 들려준다. 그 백성의 이야기가 곧 우리의 이야기이기에, 이 책에는 우리를 위한 깊은 교훈들이 담겨 있다. 우리가 메시아 예수 안에서 그들과 동일한 정체성을 공유하며, 똑같은 선교적 과업을 이어받고 있기 때문이다.

— **크리스토퍼 J. H. 라이트**(*Exodus: The Story of God Bible Commentary* 저자)

Copyright ⓒ 2021 Mark R. Glanville
Originally published in English under the title
Freed to Be God's Family: The Book of Exodus
by Lexham Press, 1313 Commercial St., Bellingham, WA 98225, U.S.A.
All rights reserved.

Translated and used by permission of Lexham Press.

This Korean Edition Copyright ⓒ 2023 by Jireh Publishing Company,
Goyang-si, Gyeonggi-do, Republic of Korea.

이 한국어판 저작권은 Lexham Press와 독점 계약한 이레서원에 있습니다.
신저작권법에 의하여 한국 내에서 보호받는 저작물이므로 무단 전재와 무단 복제를 금합니다.

하나님의 가족으로 해방되다: 출애굽기

Freed to Be God's Family: The Book of Exodus

하나님의 가족으로 해방되다: 출애굽기
Freed to Be God's Family: The Book of Exodus

마크 글랜빌 지음
송동민 옮김

초판 1쇄 인쇄 2023년 11월 25일
초판 1쇄 발행 2023년 12월 2일

발행처 도서출판 이레서원
발행인 문영이
출판신고 2005년 9월 13일 제2015-000099호

기획, 마케팅 신창윤
편집 송혜숙
총무 곽현자

경기도 고양시 일산동구 백석로 71번길 46, 1층 1호
Tel. 02)402-3238, 406-3273 / Fax. 02)401-3387
E-mail: Jireh@changjisa.com
Facebook: facebook.com/jirehpub

책값은 표지에 있습니다.

ISBN 978-89-7435-641-5 04230
ISBN 978-89-7435-500-5 04230 (세트)

신저작권법에 의해 한국 내에서 보호받는 저작물이므로 저작권자의 서면 허락 없이 이 책의 어떠한 부분이라도 전자적인 혹은 기계적인 형태나 방법을 포함해서 그 어떤 형태로든 무단 전재하거나 무단 복제하는 것을 금합니다.

12 일상을 변화시키는 말씀

하나님의 가족으로 해방되다

: 출애굽기

Freed to Be God's Family
The Book of Exodus

마크 글랜빌 지음
크레이그 바르톨로뮤, 데이비드 벨드먼 시리즈 편집
송동민 옮김

이레서원

"내가 너희를 생각할 때마다
나의 하나님께 감사하며"
(빌 1:3)

목차

서론 · 9

1장 선교를 위한 공동체 · 20

2장 출애굽: 새 왕과 새 공동체 · 29

3장 율법들의 모음집 · 43

4장 십계명 · 67

5장 바로를 속인 여인들과 모세 · 89

6장 광야에서 신뢰를 배우다 · 106

7장 성막: 자기 백성 중에 거하시는 하나님 · 119

8장 심판 · 134

9장 하나님 · 148

10장 결론 · 159

추천 도서 · **164**

호주 뉴사우스웨일스주 트레기어 장로교회의 리더들에게 이 책을 바친다. 그들은 내게 사역자로서의 부르심이 있음을 인정하고 목사 안수를 주었으며(2007), 내 변덕과 실수들을 인내하면서 그곳에서 복음의 사역을 하도록 계속 협력해 주었다. 이들 중에는 러셀과 스텝 베이커 부부, 애쉬와 데스 데이비스 부부, 댄과 알리 압더비 부부, 데이비드와 조지, 엠마 뉴마치 가족, 디 스캇과 존 그랜트, 샐리와 레이 데이비스 부부, 밥과 조앤 블런델 부부, 앤드루와 아만다 말린 부부 등이 있다.

서론

출애굽기는 공동체에 관한 이야기다. 거기에는 고대의 한 사회가 여호와 하나님의 주권 아래서 하나의 '가족'으로 재편되어 간 이야기가 담겨 있다. 출애굽기의 첫 부분을 보면, 이스라엘 백성은 마침내 하나님이 개입하시기 전까지 애굽의 노예로서 벽돌을 굽는 노동에 계속 시달렸다. 당시 애굽에서는 인간관계가 철저히 단절되어 있었다. 애굽인들이 히브리인 노예를 구타하고 남자 아기들을 학살한 일은 노예제의 잔혹함을 보여 주는 영속적인 상징과도 같았다(출 1:15-22; 2:11-15). 하지만 하나님은 이스라엘 백성을 노예살이에서 해방하시고 시내 산으로 인도해 가셨다. 그들과 하나의 언약 관계를 맺으시기 위해서였다. 하나님의 율법들은 그분이 늘 의도하셨던 방식대로 백성이 행하도록 그들을 빚어 나갔다. 공동체가 사랑 안에서 온전한 가족으로 살아가는 일이었다. 출애굽기의 내용은 바로 이 백성이 하나님 앞에서 하나의 새 공동체를 이루어 함께 살아가는 이야기다. 그 이야기는 한 공동체가 하나님의 사랑 안에서 변화될 때 경험하는 신선한 기쁨과 소망, 그리고 복된 미래를 향한 상상력을 보여 준다.

출애굽기에 기록된 것은 고대의 한 공동체가 하나님의 사랑을 경험한 일에 관한 과거의 이야기다. 하지만 거기에는 오늘날 그리스도를 따르는 이들을 향한 함축적인 초대가 담겨 있다. 그리스도의 말씀과 임재를 통해 우리의 공동체와 인간관계가 어떻게 힘을 얻어 진정한 가족 됨의 방향으로 나아갈 수 있을지를 숙고해 보라는 부름이다. 본문 전체에 걸쳐 이어지는 하나의 주된 메시지는 곧 하나님의 은혜로운 임재 안에서 우리가 형제자매로 새롭게 빚어져 간다는 것이다. 물론 이 공동체의 형성이 출애굽기의 유일한 주제는 아니다. 하지만 하나님이 친히 공동체를 이루어 가시는 일은 이야기의 핵심에 놓이며, 이 책에서는 바로 그 관점에 근거해서 출애굽기를 다루어 볼 것이다. 이 고대의 이야기를 읽어 나가면서, 다음의 질문을 숙고해 보라. "출애굽기 안에는 우리의 예배 공동체를 향한 하나님의 어떤 부르심이 담겨 있는가? 이 말씀을 대할 때, 성령님은 우리 자신과 우리가 속한 공동체의 마음과 삶 속에 어떤 아이디어와 상상력을 새롭게 불어넣어 주시는가?"

공동체를 향한 출애굽기의 부름에는 매우 실천적인 함의들이 담겨 있다. 오늘 우리의 삶이 애굽에서 시내 산에 이르는 이스라엘 백성의 여정과 적절히 연관될 수 있음을 보여 주는 사례로서, 잠시 (캐나다의 밴쿠버에 있는) 내가 속한 예배 공동체에서 착수한 프로젝트를 소개하려 한다. (나는 이 책을 쓸 때 이곳의 목회자였으며, 이후 사역지를 옮겨 리젠트 칼리지에서 가르치게 되었다.) 당시 우리 교회는 더 온전한 공동체로 거듭나기 위한 하나의 새 발걸음을 내디뎠다. 마침내 터를 닦고 하나의 건물을 세우는 과정에 들어섰던 것이다. 우리는 기존의 주차장 부지에 4층 규모의 아담한 주택 단지를 건축했는데, 그 안에는 스물여섯 개의 주택뿐 아니라 각종 커뮤니티 공간과 공동 정원 구역까지 포함되어 있었다. 우리는 그 건물을 '여기 함께'(Co: Here) 빌딩으로 불렀다. 밴쿠버의 집값이 치솟으면서 주민들 서로의 관계나 '삶의 터전'과의 관계가 분열되고 있지만, '여기 함께' 빌딩은 (안내문의 문구처럼) "인간이 공동체를 이루도록 지음받았다는 확신 아래 건축되었다." 이제 우리 교회와 연결되어 있는 취약 계층에 속한 이들(다수는 말 그대로 노숙자이다)은 지금까지 더 안락한 삶을 살아온 이들과 그곳에서 함께 생활하며 나이 들어 가게 될 것이다. 이 건물의 거주자들이 오랜 시간에 걸쳐 함께 살아가는 동안, 모든 이가 상호 변화의 과정으로 인도되리라 믿는다. '여기 함께' 프로젝트는 출애굽기의 중심 주제 중 하나를 생생히 보여 주는데, 바로 우리가 사랑 안에서 가족을 이루어 함께 살아가는 사회를 건설하시려는 하나님의 열망이다.

여기까지의 성경 이야기

여기서 출애굽기가 시작되기 전까지의 성경 이야기를 서술해 보는 것이 유익할 듯싶다. 그 이야기의 주인공은 바로 하나님이시다. 태초에 그분은 사랑과 기쁨으로 세상을 선하게 창조하셨다. 하지만 세상은 인간의 반역으로 곧 더럽혀졌으며, 이 일은 종종 인류의 '타락'으로 지칭된다(창 3장). 그 결과, 인간들 서로의 관계도 허물어졌다. 이어지는 장(창 4장)에서는 형이 동생을 죽이는 친족 살해의 현장을 마주하게 된다. 이제 선한 창조 세계가 모든 면에서 무너지기 시작했으며, 인간의 죄에 대한 저주로 오염되었다. 그러나 피조물을 향한 사랑과 헌신 가운데서, 하나님은 세상을 원래대로 기쁨과 생명력이 넘치는 곳으로 되돌려 놓기 위한 긴 여정에 착수하셨다.

하나님은 한 무리의 사람들, 곧 아브라함의 가족을 부르셨다. 그분은 그들에게 복을 베푸시고 번성할 땅을 주시며, 그들을 통해 세상 모든 민족에게 복 주실 것을 약속하셨다(창 12:1-3). 창세기 본문에서는 아브라함의 이야기에 앞서 일흔 개의 족속을 열거하는데, 이들은 온 땅의 모든 민족을 상징한다(창 10장). 아브라함은 자신만이 아니라 세상의 온 민족을 위해 부름받았던 것이다. 이에 관해, 리처드 보컴은 이렇게 언급한다. "하나님이 아브라함을 지목하신 것은 온 인류에게 복을 주시기 위함이었다. 그분은 앞서 사방으로 흩으셨던 이 칠십 족속 모두에게 다시금 긍휼을 베풀고자 하셨다."[1]

창세기의 나머지 부분에는 하나님이 이 약속들을 신실하게 지켜 나가신 이야기가 담겨 있다. 아브라함의 후손들은 종종 완고하고 고집 센 모습을 보였다. 하지만 그분은 늘 그들을 지키고 돌보셨으며, 그들과 약속된 땅 사이의 관계 역시 보존해 주셨다. 창세기의 결말 부분에서, 야곱의 집안사람들은 기근을 피하려고 애굽으로 향한다. 그리고 그들은 그곳에서 더 번성하여 그 수가 매우 많아졌지만, 하나님이 약속하신 땅에서는 멀리 떠나 있게 되었다.

출애굽기의 드라마

출애굽기의 시작 부분에서, 바로는 아무도 거역할 수 없는 신적인 권세를 지닌 왕으로 등장한다. 그의 통치는 억압적이고 잔인했다. 하지만 그가 미처 눈치채지 못하는 사이에, 또 다른 이야기가

---

1 Richard Bauckham, *The Bible and Mission: Christian Witness in a Postmodern World* (Grand Rapids: Baker Academic, 2003), 28. (『성경과 선교』, 새물결플러스)

펼쳐지고 있었다. 하나님이 은밀하고도 강력하게 역사하셔서, 애굽의 노예로 있던 이스라엘 백성의 숫자가 점점 늘어나게 하셨던 것이다(출 1:7). 그분은 그 백성의 산파들과 어머니들, 소녀들을 통해, 바로의 것과는 상반되는 자신의 이야기를 만들어 가고 계셨다. 하나님은 그 용감한 여인들의 기지를 사용하셔서 모세의 생명을 보존하고 양육하셨다. 이후 모세는 애굽 바깥의 미디안 광야로 피신했으며, 그분은 그곳에서 그에게 말씀하셨다. 마침내 호렙 산에서 하나님이 모세 앞에 나타나셨을 때, 불이 계속 타오르는 떨기나무는 창조 세계에 대한 그분의 주권을 확고히 드러내 주었다. 이때 하나님은 자신의 이름을 모세에게 계시하셨는데, 바로 '여호와'였다.

여호와 하나님이 압제당하던 이스라엘 백성의 간절한 호소를 들으셨다. "내가 … 그들이 … 부르짖음을 듣고"(출 3:7). 하나님은 바로의 억압적인 통치에 대한 책임을 물으시고, 노예로 매여 있던 이스라엘 백성을 기적적으로 해방시키셨다. 이후 두 달여 동안, 백성은 광야를 거쳐 시내 산으로 이동했다(출 15-17장). 황량하고 건조한 땅에서, 그들은 매일 하나님만을 신뢰하고 의지하는 법을 배워 갔다. 마침내 시내 산에 도착했을 때(출 19장), 그들의 마음속에는 노예살이의 기억이 뚜렷이 남아 있었다. 애굽인들의 매질로 입은 상처는 여전히 쓰라렸고, 종족 학살의 공포는 고통스러울

정도로 생생했다. 그러나 시내 산에서, 하나님은 이스라엘 백성을 그분과의 언약 관계, 곧 사랑과 연대에 기반을 둔 교제 속으로 인도하셨다. 하나님은 그들에게 자신의 율법을 주셨으며, 그 목적은 그들로 하여금 가장 취약한 이들까지도 번성할 수 있는 하나의 복된 공동체를 이루게 하시려는 데 있었다. 여호와 하나님이 통치하시는 사회에서는 애굽의 '바로'가 있을 수 없었으며, 자기만을 위해 부를 축적하거나 스스로를 뽐내고 과시하는 일도 금지되었다. 백성이 하나의 가족처럼 삶을 나누면서 서로를 돌보는 공동체가 되어야 했기 때문이다.

> **출애굽기의 개요**
> A. 1:1-6:27 바로의 압제 속에서 은밀히 진행되는 하나님의 이야기
> B. 6:28-15:21 열 가지 재앙과 해방: 공의의 왕이신 여호와
> C. 15:22-17:16 시내 산을 향한 여정에서 하나님을 신뢰하는 법을 배워 가는 이스라엘 백성
> D. 18:1-24:18 율법: 하나의 가족으로 재편된 이스라엘 사회
> E. 25:1-31:11 성막 건축을 위한 지침: 온갖 혼란 속에서 우리와 함께 하시는 하나님
> F. 31:12-35:3 금송아지: 우상 숭배와 용서
> G. 35:4-40:38 성막 건축

시내 산에서, 하나님은 성막 건축의 지침을 자세히 내려 주셨다(출 26-31장). 그리고 실제 건축의 과정 역시 그런 식으로 묘사되

고 있다(출 35-40장). 성막을 통해, 여호와 하나님은 모든 일의 한가운데 좌정하셨다. 곧 그분은 이스라엘 백성의 공동체에 거하면서, 온갖 혼란과 갈등을 그들과 함께 헤쳐 나가셨던 것이다.

> **출애굽: 책과 사건**
>
> 출애굽은 하나님이 이스라엘 백성을 애굽의 노예살이에서 해방하신 사건이며, '출애굽기'라는 이름 역시 그 사건에서 유래했다. 사실 이 사건은 그 책 전체에서 적은 분량을 차지할 뿐이다. (그 일은 열 가지 재앙이 내려진 후인 12-15장에서 서술되고 있다.) 하지만 출애굽 사건은 하나님 백성의 이야기에서 결정적인 순간으로 남아 있으며, 우리는 성경의 이야기 전체에서 그 일의 메아리가 울려 퍼지는 것을 들을 수 있다. 이 사건을 통해, 하나님은 자신이 소외되고 억눌린 자들의 편에 서는 분이심을 드러내셨다. 그분은 크고 위대하신 왕이시며, 애굽의 바로 같은 압제자들을 대적하고 무너뜨리신다. 새롭게 해방된 이스라엘 민족은 애굽의 압제 아래 있을 때와는 완전히 다른 삶의 기반 위에 자리 잡았다. 여호와 하나님의 선하신 통치 아래, 모든 이가 번영을 누리는 공동체로 살아가게 되었던 것이다.

이 책의 서술 방식

출애굽기를 다루는 이 책의 여정은 다음과 같이 전개된다. 1장에서는 '공동체'가 출애굽기의 중심 주제 중 하나임을 살피려 한다. 출애굽기의 목적은 사람들이 사회를 이루어 함께 살아가는 방식을 변화시키는 데 있다. 한 백성이 하나님의 양육을 받아, 어떻게 세상과는 대조되는 공동체로 살아가게 되었는지를 서술한 내용이 출애굽기에 담겨 있다. 이 장에서는 또 그리스도를 따르는 우리가 선교의 부름을 받은 이들로서 성경을 어떻게 읽어 가야 하는지를 돌아보고, 출애굽기가 오늘날의 사회와 예배 공동체들 앞에 던져 주는 몇 가지 시사점을 짚어 보려 한다. 그리고 2장에서는 출애굽 사건 속에서 노예들을 속량하시는 하나님의 성품이 어떻게 드러나며, 그로 인해 어떻게 하나의 새로운 공동체가 생겨나게 되었는지를 다루어 볼 것이다.

3장에서는 하나님의 백성이 십계명을 통해 애굽의 억압적인 사회와는 완전히 대조되는 공동체를 이루게 된 과정을 살펴본다. 그리고 이 계명들이 지금 세대의 몇몇 긴급한 문제들에 관해서도 분명한 해답을 준다는 점을 논할 것이다. 이어 4장에서는 출애굽기 21-23장에 담긴 율법의 내용을 고찰한다. 5장에서는 출애굽기의 몇몇 핵심 인물들을 다룰 것이다. 아마도 모세는 구약의 가장 위대한 인물일 것이다. 여기서는 리더십의 사례 연구로서, 우리에게 영감을 주는 그의 고뇌에 찬 이야기를 탐구해 볼 것이다. 그런 다음에는 여섯 명의 여인이 힘과 기지, 담대한 결단으로 하나님의 이야기에서 중요한 역할을 감당한 일을 살펴보려 한다.

6장에서는 이스라엘 백성의 모습을 살피면서, 하나님이 특히 '인생의 광야에서' 우리를 어떻게 만나 주시는지를 숙고해 볼 것이다. 전혀 가망이 없어 보이는 환경에서도, 하나님의 백성은 그분을 신뢰하고 소망을 간직하는 법을 익혀 갈 수 있다. 7장에서는 성막의 모습을 살피고, 그곳에서 하나님이 인간들과 가깝고 친밀하게 거하셨던 모습을 헤아려 볼 것이다. 그리고 8장에서는 (종종 불편하고 난해하게 여겨지는) 하나님의 심판을 다루려 한다. "하나님의 심판은 어떤 의미에서 **좋은 소식**일까? 과연 우리는 그 심판을 긍정적인 어조로 언급할 수 있을까?" 9장에서는 하나님께 초점을 맞추면서 이렇게 질문해 볼 것이다. "출애굽기에 나타난 하나님의 모습을 진지하게 받아들일 때, 우리 삶에는 어떤 변화가 찾아올까?"

| 읽 어 볼 글 들 |

- 창세기 3장
- 창세기 12장 1-3절
- 창세기 47장

| 생 각 해 볼 질 문 |

01 지금 당신이 출애굽기에 관해 아는 내용은 무엇인가?

_____

_____

02 출애굽기를 읽어 갈 때, 하나님이 이를 통해 당신과 교회를 어딘가로 인도하시는지를 기도하며 숙고해 보는 일에는 어떤 유익이 있을까?

_____

_____

03 이 책을 공부하는 동안에 출애굽기 본문 전체를 다시 한 번 읽어 보라.

_____

_____

1장

선교를 위한 공동체

출애굽기는 공동체에 관한 책이다

출애굽기는 공동체에 관한 이야기다. 그 책에서는 하나님 나라의 복된 소식이 어떻게 고대 근동의 한 작은 공동체를 변화시켜 열방을 섬기게 했는지에 관한 이야기를 서술한다. 출애굽 사건 이전의 애굽 사회에서는 인간관계들이 심하게 파괴되어 있었다. 하나님은 이스라엘 백성을 애굽 땅의 노예살이에서 **"이끌어 내어"** 약속의 땅으로 **"들어가게"** 하셨으며, 그 목적은 그들이 그분과의 교제 가운데서 새로이 사랑과 연대의 공동체를 이루어 살아가게 하시려는 데 있었다. 출애굽기에는 이 공동체가 여호와 하나님 앞에서 조금씩 새롭게 거듭나는 과정이 담겨 있다.

하지만 대다수는 출애굽기를 이런 식으로 읽지 않는다. 지금 서구 사회의 특징은 개인주의적인 성향에 있으며, 우리는 마치 성경의 메시지가 독자 개개인을 위한 것인 듯이 여기고 각 본문을 그렇게 해석하곤 한다. 친구의 생일잔치 초대장을 받았을 때 마치 자기만 초대된 듯이 여기는 것과 같다. 하지만 성경의 책들은 원래 하나의 공동체를 위해 기록되었으며, 우리 각 사람은 오직 그 공동체의 맥락에서 독자로 고려될 뿐이다. 출애굽기는 하나님이 자기 백성을 그분의 깊은 사랑 안에서 애굽의 억압적인 사회와는 극명히 대조되는 공동체로 빚어 가신 이야기를 서술하고 있다.

이와 비교되는 예로, 신약의 복음서에 언급되는 예수님의 식사 교제들을 생각해 볼 수 있다. 그분이 다른 이들과 함께 나누신 식사는 하나님 나라에 속한 가족의 모습을 보여 주는 하나의 이미지였다. 여기서 그분이 **누구와 함께** 식사하셨는지가 중요하다. 당시 예수님은 사회적으로 기피되는 이들과 교제하신 것으로 유명했다. 이에 관해, 누가는 이렇게 기록한다. "모든 세리와 죄인들이 말씀을 들으러 가까이 나아오니 바리새인과 서기관들이 수군거려 이르되 이 사람이 죄인을 영접하고 음식을 같이 먹는다 하더라."[2]

---

2 달리 표시하지 않은 경우, 이 책의 성경 인용문은 모두 NRSV 역본에서 가져왔다. 다만 남성 대명사를 써서 하나님을 지칭하는 일을 피하고자 NRSV 본문을 약간 수정했다. 구약에서 표현되는 하나님의 성별 문제를 다룬 글로는 James Gordon McConville, "Neither male nor female: Poetic imagery and the nature of God in the Old

지난 여러 해 동안, 나는 이 식사의 모습을 마음속으로 종종 그려 보았다. 아마 예수님은 세리들과 죄인들을 따스한 애정이 담긴 눈길로 바라보셨을 것이다. 그리고 세리들은 즐겁게 떠들면서 식사에 참여했을 것이며, 예수님은 그들과 함께 온 마음으로 기뻐하면서 즐겁게 웃으셨을 것이다! 그런데 예수님이 이런 식사 교제를 '만들어 내신' 것이 아님을 기억해야 한다. 오히려 여기에는 이스라엘 백성 전체가 가족처럼 삶을 나누라는 고대의 부르심이 담겨 있다. 예수님은 그저 하나님이 늘 요구하셨던 공동체의 모습을 실제로 구현해 내셨을 뿐이다!

출애굽기는 이 점을 뚜렷이 보여 준다. 한 예로, 그 책의 본문에서는 다음의 세 가지 주제에 근거해서 **공동체**의 참모습을 제시한다.

1. 출애굽: 하나님은 자기 백성의 고통을 보셨고, 그들의 부르짖음을 들으셨다. 애굽에서 노예로 살고 있던 공동체를 긍휼히 여기셨다. 그리하여 이스라엘 백성을 속량하시고 그들에게 땅을 주기로 약속하셨다. 하나님은 자신이 백성의 선조들이 따랐던 그분임을 밝히시고, 이를 통해 그들이 하나의 친족 집단임을 드러내셨다(출 3:7-22).

Testament", *JSOT* (2019): 166-81을 보라.

2. 율법: 출애굽기에 담긴 율법들의 의도는 백성이 서로를 한 형제자매로 대하게 하려는 데 있었다. 율법의 계명들이 지칭하는 대상은 종종 단수로 표현되었다. 그 예로, 십계명을 들 수 있다. "[너는] 도둑질하지 말라"(You shall not steal)에 쓰인 "너"(you) 역시 단수형이다. 이런 '단수형의 지칭 방식'(singular address)은 하나님의 백성 전체를 하나의 응집력 있는 공동체로 상정하고, 백성을 온전히 결속시키는 역할을 한다.[3]

3. 성막: 이곳에서 하나님은 이스라엘의 한가운데 거하신다. 곧 하나의 공동체로 살아가는 백성과 온전히 함께하시는 것이다.

이스라엘 백성은 애굽의 노예살이에서 불러냄을 입었으며, 시내 산의 기슭으로 인도되었다. 그리고 그곳에서, 그들은 하나님과 언약을 맺고 그분의 백성이 되었다. 그리고 영적이며 윤리적인 여정에 참여하도록 부르심을 받았다. 바로 고대 세계에서 하나님 나라의 전초 기지가 되라는 부름이었다. 새 공동체 안의 모든 이는 그 나라의 신선하고 참되며 은혜로운 열매들을 맛보아 알게 될 수 있었다. 그것은 하나님의 인자하신 구속 활동과 통치 안에서 그 백성이 한 형제자매로 결속될 때 생겨나는 특질들이었다.

---

3 이 '2인칭의 단수 지칭 방식'에 관해서는 J. G. McConville, "Singular Address in the Deuteronomic Law and the Politics of Legal Administration", *JSOT* (2002): 19-36을 보라.

선교적으로 출애굽기 읽기

출애굽기를 바르게 이해하려면, 본문을 '선교적으로' 읽어 가야 한다. 이웃과 직장에 하나님의 선교를 위해 보냄받은 이들로서 내용을 대해야 하는 것이다. 여기에는 적어도 두 가지 이유가 있다. **첫째, 성경은 자신의 소유인 세상을 향해 선교 활동을 펼치시는 하나님의 이야기다.** 성경은 하나님이 어떻게 인류를 그분과의 교제 안으로 부르시며 세상의 모든 부분을 회복해 가시는지를 서술한다. 하나님은 이스라엘의 조상인 아브라함을 자기 백성으로 선택하시고, 그에게 복을 주겠다고 약속하셨다. 그런데 이 복은 그저 아브라함에게만 미치고 마는 것이 아니었다. 하나님은 또 이렇게 말씀하셨다. "땅의 모든 족속이 너로 말미암아 복을 얻을 것이라"(창 12:3). 하나님이 이스라엘 백성을 선택하신 목적은 그 공동체로 하여금 사랑과 순종, 기쁨과 공의 가운데서 함께 살아가는 삶을 통해 일종의 자석 같은 역할을 하게 하시려는 데 있었다. 곧 주위의 모든 민족이 백성의 생활 방식에 깊은 매력을 느끼고, 그들이 섬기는 여호와 하나님의 아름다우심을 앙망하게 되기를 바라셨던 것이다(예를 들어, 출 19:3-6과 신 4:6-8을 보라).

■ 출애굽기와 공동체

출애굽기는 하나님이 주신 선교의 과업을 감당하면서 살아가기를 원하는 그리스도인들이 반드시 씨름해야 할 여러 주제를 탐구한다. 예를 들어, 그 책은 우리에게 이런 질문들을 제기한다. "현대 서구 세계에서, 자신들이 처한 시간과 공간에서 성경의 이야기가 요구하는 역할을 충실히 수행하려 하는 믿음의 공동체는 어떤 모습을 띠어야 할까? 그런 공동체는 이웃 사회의 기쁨과 슬픔에 어떻게 동참하게 될까? 오늘날 하나님의 공동체로 살아가는 일은 무엇을 의미하는가?"

둘째, 우리 자신이 선교로 부름받은 이들로서 성경을 읽어 가야 한다. 선교는 그저 기독교적인 삶의 외적인 측면 중 하나에 그치지 않는다. 오히려 그리스도를 따르는 우리의 본질적인 정체성에 속한 일부다. 주님은 제자들에게 이렇게 말씀하셨다. "아버지께서 나를 보내신 것같이 나도 너희를 보내노라"(요 20:21). 우리가 그분을 따르는 일은 곧 '보냄을 받은' 이들이 되는 것을 의미한다. 우리는 하나님이 그리스도 안에서 행하시는 통치의 증표로 살아가도록 각 지역과 도시, 직장으로 '보냄을 받았다.' 우리는 말과 삶, 행동으로 이 과업을 감당한다. 이를테면 우리는 온 세상의 왕이신 하나님을 증언하며 그리스도를 섬기는 길의 기쁨과 아름다움을 드러내는 일종의 광고판과 같다. 주님을 따르는 우리의 본질적인 정체성은 이처럼 '보냄을 받았다'는 데 있다.

출애굽기를 읽을 때, 우리는 **그 선교에 동참하는 이들**로서 하나

님의 선교에 관한 이야기를 대하는 셈이 된다. 그 책을 그분의 의도대로 바르게 읽어 가기 위해서는 이런 시각이 꼭 필요하다. 이에 관해, 찰스 R. 테이버의 말을 들어 보라. "선교를 그 핵심으로 여기지 않으면서 성경을 연구하는 일은 마치 자유의 여신상이 지닌 물리적 특성들을 꼼꼼히 살피면서도 정작 그것이 횃불을 든 여인의 조각상임을 알아차리지 못하는 것과 같다."[4]

이 점에 관해, 내 경험을 언급해 보겠다. 호주의 텔레비전 프로그램 "본다이 구조대"에서는 새해 첫날 아침에 시드니의 본다이 해변에서 서핑 구조대원들이 일하는 모습을 보여 주었다. 그 장면은 참담했다. 해변에는 쓰레기가 널려 있었으며, 지난밤 과음을 한 이들이 자신들이 구토한 흔적 위에서 널브러져 자고 있었다. 많은 이가 의식을 잃은 채로 쓰러져 뜨거운 햇볕에 '구워지는' 중이었고, 간신히 일어설 기력이 있는 이들은 생명의 위협을 아랑곳하지 않으면서 바다에 뛰어들고 있었다. 그 광경을 시청하면서, 나는 생각했다. '혹시 저 구조대원들이 일을 그만두면 어떻게 될까? 저들마저 술에 취해 의식을 잃는다면, 누가 사람들을 구해 내지?' 여기서 요점은 우리에게 맡겨진 선교의 과업에도 이처럼 긴급한 중요성이 있다는 것이다. 우리는 늘 깨어 경계하는 마음으

---

4 Charles R. Taber, *Graduate Education for World Mission* (Johnson City: Emmanuel School of Religion, 1980), 5-7.

로 그 일을 수행해야 한다. 출애굽기를 읽어 가는 동안에도, 우리는 늘 '보냄을 받은' 상태에서 벗어나지 않는다. 오히려 **바로 그 읽기를 통해**, 우리는 선교의 부르심을 감당할 힘을 얻고 그 과업에 합당한 존재들로 빚어져 가는 것이다. 우리가 성경에 깊이 몰입할 때, 성령님은 우리를 양육하며 그분의 뜻으로 이끌어 가신다. 하나님의 말씀인 성경은 우리가 신실한 증인의 삶을 살며, 주위의 이웃들에게 그리스도의 인자하신 통치를 전파하게끔 인도해 준다. 이제 우리는 그 말씀 안에서 새롭게 빚어지고 변화되며, 여러 도전에 응답할 마음의 준비를 갖추어야 한다. 여기서는 먼저 출애굽 사건 그 자체를 다루어 보려 한다.

| 읽 어 볼 글 들 |

- 출애굽기 19장
- 출애굽기 24장
- 마태복음 9장 9-13절

| 생 각 해 볼 질 문 |

01 당신은 그리스도인의 삶을 개인의 일과 공동체의 일 중 어떤 쪽으로 생각하는 편인가?

_____

_____

02 하나님과의 관계는 당신이 속한 기독교 공동체를 어떤 식으로 빚어 가면서 영향을 미치고 있는가?

_____

_____

03 성경의 '선교적인' 읽기, 곧 그 책을 그분의 세상을 향한 하나님의 선교 활동이 담긴 이야기로 대하는 일은 우리 생각과 삶에 어떤 차이를 가져올까?

_____

_____

2장

출애굽: 새 왕과 새 공동체

　영화 "그랜드 캐니언"(1991)을 보면, 한 변호사가 교통 체증이 심한 고속도로를 간신히 빠져나와 우회로를 택한다. 하지만 길은 점점 더 어둡고 황량한 거리들로 이어진다. 마침내 차가 고장 나서 온갖 낙서로 뒤덮인 거리에 멈춰 섰을 때, 악몽 같은 순간이 찾아왔다. 그 변호사는 전화로 견인 트럭을 불렀지만, 트럭이 오기도 전에 다섯 명의 불량배가 그 차를 에워싸고 위협했다.

　때마침 견인 트럭이 도착했고, 친절한 운전사가 내려서 고장 난 차를 트럭에 연결하기 시작했다. 불량배들은 재미난 소일거리를 빼앗아 간다고 투덜대며 불평을 늘어놓았다. 그러자 트럭 운전사가 패거리의 우두머리를 한쪽으로 데려가서 이렇게 충고했다. "이

봐, 세상일이 이렇게 돌아가서는 안 돼. 자네는 잘 모르겠지만, 이건 이치에 맞지 않아. 나는 자네의 허락을 구하지 않고도 이 일을 마칠 수 있어야 해. 그리고 저 신사분도 자네한테 해코지당하는 일이 없이 차 안에 머물러야 하지. 모든 일이 지금 여기서 벌어지는 것과는 달라야 해."[5]

"모든 일이 지금 여기서 벌어지는 것과는 달라야 한다." 출애굽기의 시작 부분에서는 애굽에서 이스라엘 백성의 숫자가 늘어난 일을 언급한 뒤, 곧이어 그들이 겪었던 참담한 억압을 서술한다(출 1장). 백성은 벽돌 굽는 곳에서 일하면서 국고성 비돔과 라암셋을 건축했다. 당시 많은 이가 죽임을 당하거나 과로로 숨졌으며(출 2:11; 5:19-21), 바로의 폭정이 극에 달했을 때 이스라엘 백성은 종족 학살의 대상이 되었다. 그들의 남자 아기들이 왕의 명령 아래서 조직적으로 살해되었던 것이다(출 1:16). 한편으로, 이 이야기는 고대 이스라엘의 역사 속에 있었던 하나의 어두운 시기를 묘사한다. 하지만 다른 한편으로는, 인간 사회가 누군가의 악행으로 왜곡되고 변질하는 모습을 보여 주는 일종의 보편적인 이미지가 담겨 있기도 하다. 우리는 어디서나 '지금 여기서 벌어지는 것과는

---

5 Cornelius Plantinga, Jr, *Not the Way It's Supposed to Be: A Breviary of Sin* (Grand Rapids: Eerdmans, 1995), 7. (『우리의 죄 하나님의 샬롬』, 복 있는 사람)

다른' 삶의 모습으로 회복되어야만 한다는 것을 잘 안다. 전 세계적인 난민 문제나 유례가 없는 부(富)의 불평등 문제, 그리고 이웃이나 당신에게 닥쳐오는 고통과 슬픔의 문제들을 생각해 보라.

출애굽 사건에서, 신 중의 신이신 여호와 하나님이 마침내 백성의 곤경에 개입하셨다. 여기서 출애굽 사건을 제대로 이해하기 위한 해석의 열쇠는 당시의 고대 세계가 노예 문화에 익숙했다는 데 있다. 출애굽기 본문의 메시지가 원래의 청중에게 어떻게 **들렸을지** 감지해 보려면, 고대 세계의 대다수 사람이 평범한 소작농이었음을 기억해야 한다. 소작농들은 늘 뜻하지 않게 빚을 졌으며 언제든 노예로 팔릴 위기에 처해 있었다. 이런 역사적 관점에서 보면, 고대 세계의 많은 이에게, 참혹한 노예의 삶은 그리 멀리 있는 것이 아니었다.

다음의 생각들은 성경 자체의 관점에서 출애굽 사건의 의미를 잘 드러내 준다.

1. 출애굽은 하나님이 행하신 구원의 사건이다.

이스라엘 백성의 출애굽은 하나님이 행하신 구원의 사건이었다. 백성은 그저 그들의 힘으로 애굽을 떠난 것이 아니다. 오히려 그들의 하나님 여호와께서 백성을 '이끌어 내셨다.'[6]

---

6 "Deuteronomy and Human Rights", in *Theology of Deuteronomy:*

2. 고대의 시각에서 볼 때, 이스라엘 백성은 일종의 법적인 노예 해방을 경험했다.

고대 근동의 노예법과 관습은 하나님이 이스라엘 백성을 애굽의 노예살이에서 건져 내신 일의 의미를 헤아리는 데 도움을 준다. 당시의 관습들을 보면, 출애굽기에서 '이끌어 내다'를 뜻하는 히브리어 단어가 노예 해방을 지칭하는 고대의 법적 용어였음을 알 수 있다.[7] 그 백성은 주님의 '이끌어 냄'을 통해, 바로의 소유권과 통치에서 법적으로 해방되었다. 다음의 성경 구절에도 그러한 의미가 담겨 있다. "그러므로 이스라엘 자손에게 말하기를 '나는 여호와라. 내가 애굽 사람의 무거운 짐 밑에서 너희를 **자유케 할 것이라**'"(출 6:6, NRSV). 하나님은 노예였던 백성을 법적으로 **자유케 하시는** 분이었다.

이 일에 담긴 의미는 엄청나다. 출애굽은 위대한 노예 해방의 사건이었으며, 본문에서 하나님은 크신 구출자로 묘사된다. 구약의 가장 유명한 이 사건으로 고대의 하나님 백성이 탄생했으며, 이는 여호와께서 거대한 제국의 지배 아래 짓눌리고 억압받던 한 민족

Collected Essays of Georg Braulik, O.S.B., trans. U. Lindblad. N. (Richland Hills, TX: Bibal, 1994), 135도 참조하라.

7 고대 근동 지역에는 노예 제도를 다룬 상세한 규정들이 있었으며, 그 일부가 아직도 남아 있다. 바벨론의 함무라비 법전은 그중 가장 유명한 사례다.

을 건져 내신 일이었다. 오늘날의 관점에서 보면, 그 사건을 통해 방대한 규모의 사회 정의가 실현된 것이다.

3. 하나님은 이스라엘 백성의 새롭고 정당한 주인이시다.

하나님이 이스라엘 백성을 노예 상태에서 해방하신 일은 그분과 그들 사이의 관계에도 영향을 끼쳤다. 이제 하나님은 백성의 새롭고 정당한 주인이 되셨다. 고대 근동의 법과 관습에 근거할 때, 하나님은 백성을 노예살이에서 속량하신 이로서 마땅히 그들에게 충성을 요구하실 수 있었다. 이를 고대 그리스의 고르틴 법전(Gortyn law)과 비교해 볼 수 있다. 그 법에 따르면, 어떤 이가 외국에서 포로가 되었다가 다른 이의 도움으로 풀려났다면 그는 자신의 몸값을 직접 다 갚기 전까지는 몸값을 대신 치러 준 이의 소유였다.[8]

따라서 바로의 통치 아래서 '이끌어 냄'을 받은 이스라엘 백성은 그들을 구원하신 하나님께 충성하는 관계 속으로 새롭게 '인도되었다.' 출애굽기는 동일한 히브리어 어근을 써서 바로의 노예였던 백성의 정체성(특히 출 1-2장)과 이제 하나님을 섬기게 된 그들의 새 정체성을 모두 지칭하며, 이를 통해 주종 관계의 변화를 드러

---

8 Law Code of Gortyn, Col. VI. 46-55. 이 내용의 영역문으로는 R. F. Willetts, *The Law Code of Gortyn* (Berlin: Walter De Gruyter, 1967), 44를 보라.

낸다. "내 백성을 보내라. 그러면 그들이 광야에서 나를 **섬길** 것이 니라"(출 7:16, 강조점은 저자가 붙임).[9] 이 역동적인 관계의 변화는 무엇보다도 십계명의 서두 부분에서 뚜렷이 표현된다.

"나는 너를 애굽 땅, 종 되었던 집에서 인도하여 낸 네 하나님 여호와니라. 너는 나 외에는 다른 신들을 네게 두지 말라"(출 20:2-3).

4. 출애굽을 통해 새 유형의 공동체가 실현되었다.

출애굽은 곧 하나의 새로운 사회를 이룩하는 사건이었다. 이스라엘 백성은 애굽의 노예살이에서 '이끌어 냄'을 받아 약속의 땅으로 '인도되며'(출 12:15; 13:5), 그곳에서 새롭게 갱신된 공동체로서 번영을 누리게 되어 있었다. 시내 산에서 하나님은 백성에게 율법을 내려 주셨는데, 이는 애굽의 억압적인 사회와는 전혀 다른 공동체를 이루게 하는 법이었다. 이스라엘은 모든 이가 번성하는 공동체가 되어야 했고, 특히 가장 취약한 이들이 유익을 누릴 수 있어야 했다. 그리고 위대한 노예 해방자이신 하나님이 사랑으로 그들을 친히 통치하셨다. 출애굽기 19장에서는 출애굽 사건과, 그 백성이 하나님과 언약을 맺고 그분의 율법 아래서 새 사회로 빚어져 가는 일 사이의 연관성을 다음과 같이 드러내 준다.

"내가 애굽 사람에게 어떻게 행하였음과 내가 어떻게 독수리 날개

---

9 Walter Brueggemann, "Pharaoh as Vassal", *Catholic Biblical Quarterly* 57 (1995), 35도 참조하라.

로 너희를 업어 내게로 인도하였음을 너희가 보았느니라. 세계가 다 내게 속하였나니 너희가 내 말을 잘 듣고 내 언약을 지키면 너희는 모든 민족 중에서 내 소유가 되겠고 너희가 내게 대하여 제사장 나라가 되며 거룩한 백성이 되리라"(출 19:4-6).

5. 긍휼의 왕이신 하나님이 긍휼의 법을 내려 주셨다.

시내 산의 율법에는 하나님의 은혜와 긍휼이 담겨 있었다. 그분은 긍휼로 이스라엘 백성을 노예살이에서 속량하셨다. 그리고 백성의 왕이 바뀌면서 그들의 삶을 규율하는 법도 달라졌다. 이제 백성이 사랑과 자비의 법 아래서 살아가게 된 것은 애굽의 바로 대신에 여호와 하나님이 그들의 왕이 되셨기 때문이다.

기억이라는 선물

건강한 공동체들은 과거의 고통과 불의를 기억하는 데 관심을 쏟는다. 나는 호주와 캐나다에서 살아왔는데, 최근 두 나라는 각 지역의 원주민 아이들이 가족의 곁을 떠나 여러 시설에 강제 수용되었던 일들을 공적으로 기억하는 절차를 거쳤다. 아이들이 머물러야 했던 학교들은 때로 원래의 가정과 아주 멀리 떨어진 곳에 있었으며, 많은 아이가 그 후로 부모를 거의 만나지 못했다. 그리고 이 학교들에는 성적인 학대나 신체적, 정신적 학대가 만연해 있었다. 캐나다와 호주 정부는 이 아픈 역사를 되새기는 시간을 가지면서, 원주민들과 유럽인 정착민 공동체 사이의 관계 회복을 위해 작은 발걸음을 내디뎠다. 하지만 이런 기억의 과정은 여러 면에서 충분하지 못했으며, 지금까지도 인종 차별과 착취가 여전히 남아 있다.

이와 마찬가지로, 이스라엘 백성이 애굽에서 겪었던 노예살이의 경험도 그들의 **기억** 속에 깊이 자리 잡고 있었다. 그 기억은 백성의 핵심적인 정체성을 형성했으며, 그들 서로의 관계와 여러 경제적인 관계에서 하나의 명확한 기준이 되었다.

나그네였던 때를 기억하기

이스라엘 백성이 간직했던 주된 기억 중 하나는 애굽에서 "나그네"(stranger)로 있었던 일에 관한 것이었다(어떤 성경 역본들은 이것을 "외지인"[alien] 또는 "거류민"[sojourner]으로 표현한다). 요셉의 시대 때 야곱 집안은 애굽으로 이주했다. 가나안 땅에 기근이 들었기 때문이다(창 46:1-7). 애굽 땅에서 나그네가 된 이스라엘 백성은 그곳 사람들의 친절과 환대를 의지할 수밖에 없었다. 하나님은 백성이 그 힘겨웠던 때를 잊지 않고, 자신들의 땅에 거하는 이방인들을 긍휼히 여길 것을 다음과 같이 법으로 규정하셨다.

"너는 이방 나그네를 압제하지 말며 그들을 학대하지 말라. 너희도 애굽 땅에서 나그네였음이라"(출 22:21).

"너는 이방 나그네를 압제하지 말라. 너희가 애굽 땅에서 나그네 되었었은즉 나그네의 사정을 아느니라"(출 23:9).[10]

이스라엘 백성은 그들이 애굽에서 얻기 원했던 긍휼을 자신들의 땅에 거하는 이방인들에게도 베풀어 주어야 했다. 이제 백성과 이방인들은 서로 동등한 관계였다. 곧 그들 모두가 이방인이거나, (더 낫게는) 아무도 이방인이 아니었던 것이다! 이스라엘 백성에게도 낯선 땅에서 나그네 되었던 기억이 있었기에, 자신들의 생존과 번영을 위해 거할 곳을 찾아온 다른 이들의 처지를 깊이 헤아려 주어야 했다.[11]

---

10 나는 이 구절들을 인용하면서, NRSV 역본의 "외지인"(alien) 또는 "거류민"(resident alien)이라는 표현을 "나그네"로 대체했다.

11 Mark R. Glanville, *Adopting the Stranger as Kindred in Deuteronomy* (Atlanta: SBL Press, 2017), 38-39도 참조하라. 레위기에 따르면, 이 '나그네'는 상당한 재력가일 수도 있었다. 그들은 심지어 이스라엘 백성을 노예로 부리기도 했다!(레 25:47) 하지만 이 출애굽기 본문에서 "나그네"는 취약하고 갈 곳을 잃은 사람으로 묘사된다. 구약을 해석할 때는 이처럼 같은 단어가 각각의 책에서 서로 다른 것을 의미할 수 있음을 기억하는 것이 중요하다.

노예에서 속량받았던 때의 일을 기억하기

이스라엘 백성이 애굽에서 겪은 일은 그들의 공동체에 있는 취약한 이들을 돌보아야 할 주된 이유가 되었다. 다음 장에서는 출애굽기의 율법을 더 자세히 살펴볼 것이다. 여기서는 다만 그 백성이 애굽에서 노예였다가 속량받았던 기억이 그들에게 공의와 긍휼의 실천에서 강력한 동기 부여의 원천이 되었음을 언급하려 한다. 그 한 사례가 신명기 24장에 있는 다음의 율법에 나온다.

"너는 나그네나 아버지가 없는 이의 송사를 억울하게 하지 말며 과부의 옷을 전당 잡지 말라. 너는 애굽에서 종 되었던 일과 네 하나님 여호와께서 너를 거기서 속량하신 것을 기억하라. 이러므로 내가 네게 이 일을 행하라 명령하노라. … 네가 네 포도원의 포도를 딴 후에 그 남은 것을 다시 따지 말고 나그네와 아버지가 없는 이와 과부를 위하여 남겨두라. 너는 애굽 땅에서 종 되었던 것을 기억하라. 이러므로 내가 네게 이 일을 행하라 명령하노라"(신 24:17-18, 21-22, NRSV).[12]

이스라엘 백성이 노예살이에서 해방된 것은 하나님이 어떤 분이신지를 드러내는 사건이었다. 여호와는 노예들을 자유롭게 하

---

12 나는 이 구절을 인용하면서 NRSV 본문의 "거류민"과 "고아"를 각기 "나그네"와 "아버지가 없는 이"로 대체했다.

는 분이며, 이분이 바로 우리 하나님이시다! 이스라엘의 하나님이신 여호와는 억눌리는 자들의 편에 늘 서시며, 그들의 고통과 부르짖음을 보고 들으신다(출 3:7). 그분은 자신의 사랑과 능력으로 그 상황에 개입하신다. 이것이 신 중의 신이신 우리 하나님의 모습이다.

당신은 평소에 하나님을 이렇게 생각해 왔는가? 고대의 이스라엘 백성은 분명히 저렇게 생각했다. 하나님이 주신 율법의 배후에는 그들이 노예로 있다가 속량된 일을 기억하라는 깊은 메시지가 자리 잡고 있었다. 백성은 애굽의 악한 관습들을 철저히 떨쳐 버려야 했으며, 이유는 이러했다. "네 하나님 여호와께서 너를 거기서 속량하신 것을 기억하라"(신 24:18). 이스라엘 백성은 자신들이 섬기는 여호와 하나님의 공의와 긍휼을 새로이 드러내는 공동체가 되어야 했다. 그들은 노예였다가 속량받은 역사를 늘 잊지 않고 기억해야 했다. 여기서 '기억'은 단순히 인지적인 수준의 기억을 넘어선다. 자신들의 그 놀라운 역사적 현실에 부합하는 삶을 함께 살아가는 일을 가리킨다(출 13:3; 신 16:12을 보라). 출애굽 사건에서, 우리는 하나님이 장차 인간에게 베푸실 기쁘고 공의로우며 복된 미래를 어렴풋이 내다볼 수 있다. 고대의 이스라엘 백성뿐 아니라 궁극적으로는 온 세상을 위해 예비해 두신 미래이다. 이 고대의 사건에서는 장차 임할 미래가 당시의 상황을 압도하고 있다. 곧 바로의 압제가 심판을 받고, 한 백성이 그에게서 해방되어 하나님이 원래 의도하셨던 방식대로 살아가게 되었던 것이다. 이제 주님은 그 백성을 통해, 모든 민족을 향한 그분의 계획들을 성취하기 시작하셨다.

■ 놀람에 찬 부르짖음

출애굽 사건은 우리를 회복시키시는 하나님의 강력한 사랑을 보여 준다. 이 사건은 하나님의 아들이신 그리스도께서 이 땅에서 행하신 방식과 서로 통하는 부분이 있다. 그분은 나환자들을 고치시고 눈먼 자들을 보게 하며, 수천 명을 먹이시고 귀신들을 쫓아내셨다. 그리고 죽은 자들을 살리심과 동시에 하나님의 통치, 곧 '하나님 나라'를 선포하셨다. 예수님의 사역을 목격한 사람들의 놀람에 찬 반응은 이스라엘 백성이 홍해를 건넌 뒤에 노래하며 춤추던 모습을 연상하게 한다(출 15장). 그들은 이렇게 외쳤다.

"이는 어찜이냐? 권위 있는 새 교훈이로다. 더러운 귀신들에게 명한즉 순종하는도다"(막 1:27).
"그들이 다 놀라 하나님께 영광을 돌리며 이르되 우리가 이런 일을 도무지 보지 못하였다 하더라"(막 2:12).

홍해를 건넌 뒤, 미리암은 이렇게 노래했다.

"너희는 여호와를 찬송하라. 그는 높고 영화로우심이요. 말과 그 탄 자를 바다에 던지셨음이로다"(출 15:21).

출애굽 사건과 (궁극적으로는) 그리스도의 삶과 죽음, 부활을 통해, 하나님의 통치가 온 세상에 뚜렷이 드러났다. 그분의 인자한 통치는 이 세상을 생명으로 인도하며, 사람들은 그 손길에 기쁨과 경탄으로 응답한다. 오늘날에도 하나님은 계속 구원과 회복의 일들을 행하시며, 이로써 우리는 새로이 그 나라의 공동체로 살아가게 된다. 이제 다음 장에서는 십계명의 관점 아래서 이 공동체를 향한 하나님의 비전을 다룰 것이다.

| 읽 어 볼 글 들 |

- 출애굽기 1장
- 출애굽기 3장 1-10절
- 출애굽기 12장 31-51절

| 생 각 해 볼 질 문 |

01 출애굽 사건에서 계시되는 하나님의 모습들은 당신에게 어떤 의미로 다가오는가?

---

02 우리가 위대한 노예 해방자로 계시되는 하나님의 성품을 진지하게 받아들일 때, 오늘날의 교회는 어떤 곳이 될까?

---

03 노예살이에서 해방된 이들의 공동체에 속해서 살아가는 일은 어떤 느낌이었을까? 이 일은 하나님의 백성인 그들의 윤리에 어떤 영향을 주었을까?

3장

율법들의 모음집

개요

구속의 이야기(출 1-17장)와 성막 건축 이야기(출 25-40장) 사이에 있는 출애굽기의 핵심부에는 율법이 자리 잡고 있다. 이 율법은 출애굽기 전체의 이야기와 깊은 연관성을 지닌다. 하나님은 이스라엘 백성을 애굽의 노예살이에서 속량하셨으며, 그로부터 채 석 달이 지나지 않았을 때 시내 산에서 그들에게 율법을 주셨다. 그분이 백성을 구원하신 이유는 그들로 하여금 세상의 방식과 대조되는 삶을 살아가는 공동체로서 열방의 빛이 되게 하시려는 데 있었다(사 42:6). 따라서 하나님이 율법을 주신 것은 그분이 베푸신 은혜의 절정을 이루는 순간이었다. 당시 이스라엘 백성에게 주어진 부르심은 내 친구 마리아의 삶에서 보게 되는 것과 유사하다.

마리아는 오래전 캐나다에서 난민의 지위를 인정받았으며, 그 뒤로 다른 난민 신청자들을 돕는 일에 계속 헌신해 왔다. 이는 그녀가 경험한 안도감을 그들도 누리게 되기를 갈망하기 때문이다. 아마 우리는 출애굽한 이스라엘 백성을 '그럼으로써'(so that)의 백성으로 지칭할 수 있을 것이다. 하나님이 그들을 속량하신 목적은 **그럼으로써** 온 세상 사람들에게 은혜를 베푸시려는 데 있었다.

이스라엘 백성이 살아가야 할 사랑의 삶은 스스로 획득한 거룩함이나 도덕적 성취를 향한 노력에 근거하지 않았다. 하나님이 먼저 백성을 노예살이에서 해방하셨으며, 이제 출애굽의 자유를 누리도록 그들을 부르시고 새 힘을 베푸셨다. 출애굽 사건은 마치 백성 앞에 신선하고 복된 정원으로 들어가는 문을 열어 주는 일과 같았다. 그 정원은 일종의 새로운 공동체를 상징했다. 하나님은 이스라엘 백성을 그곳으로 인도하셔서, 그들이 그곳의 나무들을 책임감 있게 돌보면서(이는 곧 율법에 순종하는 일이다) 열매들을 마음껏 맛보고 누리게 만드셨다. 그렇기에 시편 기자는 율법을 기뻐하면서 이렇게 노래한다.

"주의 입의 모든 규례들을
　　　나의 입술로 선포하였으며
내가 모든 재물을 즐거워함같이

주의 증거들의 도를 즐거워하였나이다"(시 119:13-14).

하나님은 출애굽 사건으로, 이스라엘 백성에게 새로운 정체성을 부여하셨다. 율법은 이스라엘을 향한 하나님 은혜의 표현 중 하나였다. 앞서 우리는 하나님이 백성을 노예살이에서 속량하심으로써 그들의 새 주인이 되셨음을 이미 살폈다. 이제 시내 산에서 하나님이 이스라엘 백성과 언약을 맺으면서 이렇게 말씀하신다. "너희가 내게 대하여 제사장 나라가 되며 거룩한 백성이 되리라"(출 19:6). 그들은 "거룩한 백성", 곧 주님께 속한 자들로서 다른 민족들과 구별되었으며, 하나의 구체적인 과업을 부여받았다. 그리고 그들은 "제사장 나라"로서, 세상 모든 민족에게 복을 주시려는 하나님의 목적을 위해 존재했다. 그 백성은 여호와 하나님이 온 열방을 향해 베푸시는 참된 복의 통로가 되어야 했던 것이다. 이 새로운 정체성 가운데서, 율법은 그들이 세상과 대조되는 참된 공동체로 살아갈 수 있도록 이끄는 역할을 했다.

오경에는 세 권의 율법 모음집이 있다('오경'은 구약 첫 부분에 있는 다섯 권의 책을 가리킨다). 이 모음집들은 출애굽기 21:1-23:19, 레위기 17-25장과 신명기 12-26장에 실려 있다. 이 장에서는 출애굽기의 율법 모음집을 탐구하고, 다음 장에서는 십계명을 다루어 보려 한다(출 20:1-17). 순서상 십계명이 율법 모음집보다 앞서지만,

모음집을 먼저 다루는 이유는 이를 통해 새로운 시각에서 십계명을 살필 수 있기 때문이다.

율법 해석하기

우리는 오경의 율법을 어떻게 해석해야 할까? 구약 율법에 대한 개신교의 전통적인 해석에서는 그것이 우리 삶의 죄악 됨을 드러내는 일종의 탐조등 역할을 한다고 여겨 왔다. 마르틴 루터는 우리가 율법을 온전히 지키는 일이 불가능하다는 점을 늘 강조했다. 그에 따르면, 지금 인류는 마치 스스로의 건강을 과신하며 병을 인정하지 않는 환자와 같다. 그리고 율법은 마치 좋은 의사처럼, 환자의 상태를 일깨우기 위해 무언가 고통스럽거나 불가능한 일을 시도해 보라고 지시하는 것이다.[13] 물론 율법의 역할에는 우리의 죄악 됨과 그리스도의 필요성을 드러내는 일이 포함된다. 하지만 그 기능은 단순히 여기서 그치지 않는다. 이 전통적인 해석 방식은 처음에 하나님이 이스라엘 백성에게 율법을 베푸셨던 주된 이유를 간과하고 있다.

출애굽기의 선교적인 차원을 고려하는 일은 율법을 그 본래의 가치에 합당하게 해석하는 데 도움을 준다. 율법의 목표는 이스라

---

13 Martin Luther, *The Bondage of the Will*, trans. J. I. Packer and O. R. Johnston (Grand Rapids: Baker, 1957), 185.

엘 백성으로 하여금 이 창조 세계의 인간 공동체들을 향한 하나님의 원래 의도를 드러내게 하려는 데 있었다. 백성은 이 율법의 인도 아래서 살아가면서, 애굽의 잔인하고 탐욕적인 정치 체제를 배격하는 공동체로 자라 가야 했다. 레슬리 뉴비긴은 율법의 기능을 다음과 같이 서술한다.

> 이스라엘은 우상 숭배로 버려진 세상, 사악함과 혼돈에 사로잡힌 세상에서 아름답고 깨끗한 주님의 숨결을 드러내는 그분의 정원이자 작은 오아시스 같은 곳이었다. 그리고 이 정원을 보호하는 울타리는 바로 주님이 주신 율법이었다.[14]

하나님의 율법 안에서, 이스라엘 백성은 주위의 세상과 대조되는 하나의 공동체로 빚어져야 했다. 이는 변화된 삶을 통해 하나님의 인자한 통치를 온 열방 앞에 증언하는 공동체였다. 그들은 곧 악에 예속된 인간 사회로 침투해 오는 하나님 나라의 전초 기지였던 것이다. 율법은 성령이 친히 쓰시는 그분의 도구였으며, 하나님은 이 율법을 통해 큰 능력으로 역사하셔서 세상의 깨어진 인간관계들을 치유하셨다.

---

14 Lesslie Newbigin, *Set Free to Be a Servant: Studies in Paul's Letter to the Galatians* (Madras: The Christian Literature Society, 1969), 2.

달리 말해, 성경에서 가르치는 하나님의 통치는 그저 사람들의 **마음속에서만** 드러나는 것이 아니었다. 물론 우리는 각자의 마음속에서도 그 다스림의 손길을 느낄 수 있다. 구약의 성도들도 기도와 노래, 탄식과 찬미로 하나님과 교제했으며, 그분께 온 마음을 드렸다(그 예로 시편 130편을 보라). 하지만 하나님이 통치하시는 곳에서는 **우리의 삶 전체가** 달라진다! 사람을 치유하시는 하나님의 능력은 삶의 모든 영역으로 깊이 스며든다. 인간관계와 사회 구조, 정치와 식습관, 법률과 경제의 분야들이 모두 그 대상이 되는 것이다. 율법은 곧 이웃들과 조화로운 공동체를 이루어 복된 삶을 누리라는 하나님의 초대장이다.

이 율법은 구체적으로 이스라엘을 위해 제정되었으며, 내용은 이 작은 민족 특유의 필요에 맞게끔 잘 구성되어 있었다. 하지만 율법에는 세상 모든 민족을 향한 메시지 역시 담겨 있었으니, 이스라엘의 하나님은 신 중의 신이셨기 때문이다. 시내 산에서 그분은 이렇게 선포하셨다. "세계가 다 내게 속하였[으나] … 너희[는] 내게 대하여 제사장 나라가 되며 거룩한 백성이 되리라"(출 19:5-6, NIV). 출애굽기는 여호와 하나님과 이스라엘이라는 특정 민족 사이의 언약 문서였지만, 거기에는 세상 모든 나라를 향한 그분의 깊은 열망과 바람이 담겨 있다.

율법에는 모든 세대의 모든 공동체에 적용되는 하나님의 원리들과 지침들이 들어 있는 것이다. 이는 마치 요리 경연 프로그램을 시청하는 것과 비슷하다. 실력이 부족한 참가자에게 심사위원이 지적하는 내용들은 구체적으로 그 참가자의 요리에 관한 것이다. 하지만 지적을 들으면서, 시청자들은 **모든** 음식을 만들 때 적용되는 원리들과 교훈들을 터득할 수 있다. 설령 그 프로그램에 나온 특정 요리를 만들 일이 없더라도 말이다.

성경의 율법을 해석하는 여섯 단계

이 고대의 율법들을 오늘날의 공동체에 어떻게 접목할 수 있을까? 율법을 해석하는 여섯 단계는 아래와 같다. 당신은 다음 단락에서 다룰 율법 중 한두 가지에 이 방법론을 적용해 볼 수 있을 것이다.

A. 특정 율법이 기록된 당시의 배경에서 그것의 원래 기능은 무엇이었을까?[15] 그 율법은 고대의 어떤 사회적 문제들을 다룬 것이었을지 한번 생각해 보라. 당대의 문화권에서, 율법에 순종하는 이들의 모습은 주위 사람들의 눈에 어떻게 보였을까?

B. 특정한 문화들을 초월해서 널리 적용되는 그 율법의 목적은 무엇일까? 그 율법은 인류가 함께 어울려 살아가는 방식이나 우리와 하나님 사이의 관계에 대해 무엇을 가르쳐 주는가? 이 목적들은 오늘날 우리의 삶에도 접목된다.

C. 문학적 감수성: 특정 율법의 표현 방식 중 눈에 띄는 부분이 있는가? 그 율법에서는 무엇을 강조하는가? 무언가 반복되는 부분이 있는가?

D. 우리는 세상을 위한 하나님의 이야기에 붙들린 공동체로서 성경을 읽어 가야 한다. 지금 이 본문에서는 당신이 속한 예배 공동체를 향해 무

---

15 크리스토퍼 라이트는 율법을 해석할 때 그것의 '기능'과 '목표'를 파악하는 것이 유익하다고 언급한다(*Deuteronomy*, NIBC [Peabody, MA: Hendrickson Publishers, 1996], 13-14).

> 엇을 요청하는가?
> E. 이 율법은 오늘날의 어떤 문화적 우상들을 향해 도전을 제기하는가?
> F. 혹시 그 율법에는 오늘날의 사회를 향한 선지자적 도전이 담겨 있는가?

이와 마찬가지로, 고대의 율법들에서 우리는 인류가 함께 공동체로 살아가는 방식에 관한 하나님의 마음과 뜻을 분별할 수 있다. 그리고 그 마음과 뜻은 오늘날 우리가 속한 공동체에도 적용된다.

세 종류의 율법

출애굽기의 율법 모음집에는 세 종류의 율법이 포함되어 있다:

1. **민법**(출 21:1-22:16)_ 피해자와 가해자의 필요들을 고려하면서 여러 가상의 법적인 사례들을 다룬다.
2. **의식법**(출 20:24-26; 22:17-19)_ 하나님께 예배하는 일을 다룬다.
3. **사회법**(출 22:20-23:9)_ 공동체의 약자들을 보호하는 일을 다룬다.

민법

율법에서 가장 논란이 되는 규정은 아마도 딸을 남에게 종으로

파는 상황에 관한 것일 듯하다.

"사람이 자기의 딸을 여종으로 팔았으면 그는 남종 같이 나오지 못할지며 만일 상전이 그를 기뻐하지 아니하여 상관하지 아니하면 그를 속량하게 할 것이나 상전이 그 여자를 속인 것이 되었으니 외국인에게는 팔지 못할 것이요. 만일 그를 자기 아들에게 주기로 하였으면 그를 딸같이 대우할 것이요. 만일 상전이 다른 여자에게 장가 들지라도 그 여자의 음식과 의복과 동침하는 것은 끊지 말 것이요. 그가 이 세 가지를 시행하지 아니하면, 여자는 속전을 내지 않고 거저 나가게 할 것이니라"(출 21:7-11).

아마도 한 가정이 심한 빚과 굶주림에 시달리다가 어쩔 수 없이 딸을 종으로 팔아야 했을 것이다. 그들은 너무도 가난했기에, 딸을 위해 정상적인 혼인 절차를 마련해 주지 못했을 것이다. 이 비인간적인 정황에서도, 딸은 실질적으로 새 주인의 아내가 될 수 있다. 하지만 통상적인 지참금의 교환 과정이 없었기에, 일반적인 혼인과는 매우 다른 성격을 띤다. 이런 상황에 놓인 여성들은 사회적으로 더 낮은 지위에 처하게 되며, 제대로 된 보호를 받지 못하기가 쉽다. 이 율법에서는 바로 이 여성들의 권리를 옹호한다.

위의 본문에는 세 가지 시나리오가 담겨 있다. 첫 번째 시나리오(출 21:7-8)에서는 팔려 간 딸이 처녀인 상태 그대로다. 율법에 따르면, 이때 원래의 가족은 딸을 속량할 수 있다(값을 치르고 되찾아 오는 것이다). "상전이 … 외국인에게는 팔지 못할 것이요"라는 언급은 당시에 성노예 무역이 존재했음을 보여 주는 증거일 수 있으며, 성경은 이런 관행을 일절 금한다. 그리고 두 번째 시나리오(출 21:9)에서는 딸이 주인의 아들의 아내가 된다. 이 경우, 그녀는 새 가족의 일원으로 마땅히 존중받아야 했다. 이어지는 세 번째 시나리오(출 21:10-11)에서도, 그녀가 지닌 아내로서의 권리와 인권이 보호된다.[16] 이 세 가지 규정의 결론은 팔려 간 딸이 새 집안에서도 소중한 일원으로 여겨져야 한다는 것이다. 결국 출애굽 사건은 하나님이 어떤 사람도 노예로 남기를 바라지 않으신다는 점을 드러내 주었다.

의식법

출애굽기의 의식법에는 세 가지 절기에 관한 규정들이 포함되어 있다(출 23:14-17). 무교절과 맥추절('칠칠절'이라고도 불린다), 그리고 수장절('초막절'이라고도 불린다)이다. 무교절에 이스라엘 공동체는 출애굽 사건을 하나의 구체적인 예식으로 재현했으며, 이는 특

---

16 이 분석에서, 나는 다음의 글을 주로 참조했다. Pamela Barmash, "The Daughter Sold Off for Marriage" (paper presented at the annual meeting of the Society of Biblical Literature, Denver, Colorado, 18 Nov 2018).

히 하나님이 애굽의 압제자들을 심판하신 일을 되새기는 것이었다.

"내가 네게 명령한 대로 아빕월의 정한 때에 이레 동안 무교병을 먹을지니 이는 그 달에 네가 애굽에서 나왔음이라"(출 23:15).

맥추절과 수장절 때는 하나님의 은혜로 주어진 풍성한 수확을 경축했다. 이 절기들을 기념함으로써, 백성은 선조들을 속량하시고 그들의 모든 필요를 채워 주신 하나님의 이야기 속으로 다시 들어갔던 것이다. 그들은 자신들이 사랑받는 하나님의 공동체임을 상기하고, 공동체의 모든 이가 마땅히 그분의 복을 누려야 한다는 것을 되새겼다.

사회법

출애굽기의 사회적인 율법들에 담긴 의미를 살펴보자.

▸ 나그네

이스라엘 백성 중에 있는 "나그네"(일부 역본에서는 "외지인"이나 "거류민"으로도 표현되는)는 곧 자신의 친족이 대대로 거하는 땅을 떠나온 이들이었다. 이들은 굶주림에 시달리거나 큰 빚을 지고 노예로 팔리기 쉬웠다. 삶을 보호해 줄 땅이나 재산, 친척이 없었기 때문이다. 하나님은 이들을 돌보고 지킬 것을 백성에게 명령하셨다.

"너는 이방 나그네를 압제하지 말며 그들을 학대하지 말라. 너희도 애굽 땅에서 나그네였음이라"(출 22:21).
"너는 이방 나그네를 압제하지 말라. 너희가 애굽 땅에서 나그네 되었었은즉 나그네의 사정을 아느니라"(출 23:9).[17]

하나님의 이 말씀들은 신명기에 나오는 다음의 율법에 견주어 볼 수 있다.

"여호와 하나님은 아버지 없는 이와 과부들을 위해 정의를 시행하시며, 나그네들을 사랑하셔서 음식과 의복을 주신다. 나그네들을 사랑하라. 이는 너희도 애굽 땅에서 나그네였기 때문이다"(신 10:18-19, 저자의 번역).

이스라엘 백성이 나그네들을 농장과 집안일에 고용할 때는 긍휼의 마음으로 정당한 품삯을 치러야 했다. 그들의 자유를 억지로 빼앗아서는 안 되었다.

---

17 이 두 구절 모두에서, 나는 NRSV 역본의 "외지인"(혹은 "거류민")을 "나그네"로 대체했다.

이 책을 쓰는 지금도, 시리아와 아프가니스탄, 소말리아 등지에서 온 수많은 난민과 사회적 약자들이 캠프나 국경 지역, 그리고 이동 중에 살아남기 위해 몸부림치고 있다. 전 세계적으로 고향을 떠나온 이들의 숫자는 인류 역사상 전례가 없을 지경이며, 현재 약 칠천구백오십만 명 이상에 달한다. 이 중 일부는 모국에서 거주지를 잃고 방황하며, 다른 삼천오백만 명은 아예 모국을 떠나야 했다. 앞에서 살핀 오경의 율법에서는 이렇게 삶의 터전을 빼앗긴 이들을 향한 하나님의 깊은 긍휼이 드러난다. 물론 난민 신청자들을 환대하고 수용하는 데는 많은 비용이 들 수 있다. 현재 전 세계에 불균형과 역기능이 가득하며, 정의는 쉽게 실현되지 않기 때문이다. 하지만 출애굽 사건은 하나님이 이처럼 취약한 상황에 처한 이들을 긍휼히 여기시는 분임을 보여 준다(그리고 그 긍휼은 마침내 그리스도에게서 분명히 드러났다). 이 율법들을 통해, 하나님은 우리가 나그네들을 환대해야 한다는 것을 구체적으로 명시하신다. 혹시 여기에 당신의 예배 공동체를 향한 하나님의 부르심이 있지는 않을까? 한 예로, 우리 교회는 이십 년 전 '킨브레이스 난민 주택 지원 및 돌봄 협회'(Kinbrace Refugee Housing and Support)를 설립했다. 이 조직은 난민 신청자들에게 거주지를 제공하고 여러 면에서 계속 후원해 왔다. 그리고 다른 교회들도 난민들을 돕거나 새로 온 이들에게 주택과 교육의 기회를 주는 일에 참여하고 있다.

▶ 아버지가 없는 이들과 과부들

"너는 과부나 고아를 해롭게 하지 말라. 네가 만일 그들을 해롭게 하므로 그들이 내게 부르짖으면 내가 반드시 그 부르짖음을 들으리라. 나의 노가 맹렬하므로 내가 칼로 너희를 죽이리니 너희의 아내는 과부가 되고 너희 자녀는 고아가 되리라"(출 22:22-24).

아버지가 없는 이들과 과부들은 고대 근동 지역에서 가장 가난한 사람들이었다. 이들은 남성 가족 구성원이 제공할 수 있는 보호를 얻지 못했으며, 굶주림과 착취에 시달리기 쉬웠다.

악인들은 하나님이 가난한 이들의 목소리에 귀 기울이신다는 것을 명심해야 했다. 오늘날의 독자들 역시 이 말씀에 담긴 힘을 낮추어 보아서는 안 된다. "그들이 내게 부르짖으면 내가 반드시 그 부르짖음을 들으리라." 이는 이 구절만의 메시지가 아니다. 구약의 다른 여러 구절에서도, 하나님이 가난한 이들의 호소를 특히 주의 깊게 들으신다는 점을 언급한다(신 24:13, 15을 보라). 하나님이 이처럼 약자들에게 관심을 품으시는 것은 마치 부모가 아이들로 가득 찬 방 안에서 자기 아이의 울음소리를 알아듣는 것과 비슷하다(마 25:31-46을 참조하라). 이 일을 기이하게 여겨서는 안 된다. 처음에 하나님이 바로의 억압적인 통치에 개입하시게 된 계기도 고통당하던 이스라엘 백성의 부르짖음에 있었다(출 3:7-10).

■ 히브리어 본문에 담긴 통찰

출애굽기에서 "과부"로 번역되는 히브리어 단어는 '알마나'(almanah)다. 이는 "그녀를 부양해 줄 남성들이 없는 여인"을 의미했다.[18] 남편이 죽으면, 부인의 생계에 대한 책임은 아들들(이들이 적절한 나이에 이른 경우)이나 시아버지에게 돌아갔다. 하지만 그녀의 삶을 보호하고 돌보아 줄 남성 친족이 전혀 없을 때, 그 여인은 '알마나'가 되었다.

히브리어 '야톰'(yatom)은 대개 "고아"로 번역된다. 하지만 "아버지가 없는 이"(fatherless)가 더 정확한 표현이다. 고대 근동과 이스라엘에서, 아버지는 자녀의 법적 대리인이었다. 따라서 자신을 돌볼 남성 친족이 없을 때, 아이는 법적인 정체성을 갖지 못한 상태로 방치되었다.[19] '야톰' 중에는 어머니와 함께 살아가는 이들도 있었지만, 부모가 둘 다 안 계실 때는 특히 더 위험한 상황에 놓였다. 고대 근동에서는 가난한 이들을 데려다가 억지로 값싼 노동력을 제공하게 만드는 일이 아주 흔했다. 하지만 하나님은 이 관행을 금하면서 이렇게 말씀하셨다. "너희는 과부들이나 아버지 없는 아이들을 학대하지 말라"(출 22:22, 저자의 번역).

당신은 이러한 율법의 가르침에 어떻게 응답하겠는가? 이 하나님의 모습이 당신에게는 새롭고 낯설게 다가오는가? 그러나 율법들에 담긴 그분의 마음을 본받을 때, 당신도 깊은 은혜를 경험하게 될 것이다. 혹시 자녀가 재학 중인 학교에 당신이 친구가 되어 줄 만한 외로운 가족이 있지는 않은가? 주위에 당신이 환대할 만

---

18 Paula S. Hiebert, "'Whence Shall Help Come to Me?': The Biblical Widow", in *Gender and Difference in Ancient Israel*, ed. Peggy L. Day (Minneapolis: Fortress, 1989), 128.

19 Kristine Henriksen Garroway, *Children in the Ancient Near Eastern Household* (Winona Lake, IN: Eisenbrauns, 2014), 108.

한 외롭거나 고립된 개인이 있지는 않은가? 이웃 주민들에게 당신이 속한 교회가 창의적인 도움의 손길을 내밀 방법은 없을까?

▸ 이자를 받지 않고 꾸어 주기

"네가 만일 너와 함께한 내 백성 중에서 가난한 자에게 돈을 꾸어 주면 너는 그에게 채권자같이 하지 말며 이자를 받지 말 것이며"(출 22:25).

고대 근동 지역에서는 어려운 상황에 놓인 농민들의 가정에 돈이나 곡식을 빌려주는 것이 일반적인 관행이었다. 농부들은 이로써 새로운 작물을 파종할 수 있었다. 하지만 수확기에 원금과 이자를 다 갚지 못하면, 가족 중 누군가가 종으로 팔려 가야 했다. 그리고 이자율이 매우 높았기에, 가난한 집들은 그런 형편에서 벗어나기가 거의 불가능했다. 그러나 출애굽기의 율법에서는 이스라엘 백성이 어려움에 처할 때 서로 이자를 받지 않고 돈을 꾸어 줄 것을 규정한다. 부자들이 자기 재물을 가지고 더 많은 부를 축적하려 해서는 안 되었다. 오히려 궁핍한 이들을 힘써 도와야 했다. 당시의 관습과 달리, 하나님의 명령은 부와 재물을 주위의 형제자매와 함께 나눌 것을 백성에게 요구했다.

한번 생각해 보자. 이 율법은 오늘날 그리스도를 따르는 우리의 실천에 관해 어떤 시사점을 지닐까? 그 내용에 비추어 볼 때, 우리는 현재 전 세계적인 부의 격차를 어떻게 생각해야 할까? 내가 이 책을 쓰는 지금, 인류 역사상 처음으로 세계에서 가장 부유한 1퍼센트의 사람들이 나머지 99퍼센트보다 더 많은 재산을 소유하게 되었다.[20] 우리 그리스도인들은 위의 율법들을 마음에 새기면서, 소득 불평등의 문제에 관해 창의적인 해답을 찾아 가야 한다. 개인적인 수준에서, 우리는 가계 수입을 다른 이들을 위해 사용하는 방법을 택할 수 있다. 과연 당신은 멋진 집과 근사한 휴일보다, 너그럽고 창의적인 방식으로 어려운 이웃에게 베푸는 일을 더 우선시할 수 있는가? 우리의 교회 공동체가 저소득층 이웃들을 돕는 일에 주도적으로 나서려면 어떻게 해야 할까? 그리고 정치적인 수준에서, 소득 불균형을 해소하는 공공 정책을 어떤 식으로 옹호하면 좋을까?

▸ 담보

"이웃의 겉옷을 담보로 잡거든, 해가 지기 전에 돌려주어야 한다. 그것은 그가 자기 몸을 보호할 유일한 옷이기 때문이다. 그 옷이

---

20 "Oxfam Says Wealth of Richest 1% Equal to Other 99%", BBC, https://www.bbc.com/news/business-35339475.

없다면, 그가 무엇을 덮고 자겠느냐? 이 일로 이웃이 내게 부르짖을 때, 내가 그 소리를 들을 것이다. 나는 긍휼이 많은 자이기 때문이다"(출 22:26-27, 저자의 번역).

고대 세계에서는 가난한 이들이 잠시 돈을 빌리려고 자기 겉옷을 담보로 제공하기도 했다. 예를 들어, 어떤 이가 가족의 먹을거리를 확보하려고 하루의 노동을 시작하기 전에 미리 품삯을 받는 경우도 있었다. 이때 그는 자기 겉옷을 노동의 담보로 내놓았다. 그런데 고대 근동 지역에서, 겉옷은 낮에는 비를 막아 주고 밤에는 담요 역할을 하는 매우 중요한 의복이었다. 그렇기에 선지자 아모스는 겉옷을 담보로 취하는 당시의 관행을 이렇게 비난했다. "[그들은] 모든 제단 옆에서 전당 잡은 옷 위에 누우며"(암 2:8). 이와 마찬가지로 출애굽기의 율법에서도, 가난한 이의 겉옷을 해가 지기 전에 돌려줄 것을 명시하고 있다.

이 율법은 경제적 약자들을 존중하며 긍휼의 마음으로 대하라고 가르친다. 우리는 내 이익보다 다른 이들의 존엄성과 번영을 더 우선시해야 한다. 이 율법에서는 또한 힘없고 가난한 이들을 "[너희의] 이웃"으로 지칭하면서 그들을 높여 준다. 신학적 관점에서, 이 율법은 긍휼이 풍성하신 여호와 하나님의 성품과 그분의 행하심에 기반을 두고 있다.

약자를 보호하며 지지하는 성경의 윤리는 오늘날 부유한 국가와 가난한 국가 사이의 세계적인 금융 관행에 이의를 제기한다. 경제학자들에 따르면, 개발도상국에서 선진국으로 유입되는 자금이 반대의 경우보다 훨씬 더 많다(실제로 두 배 이상이라고 한다). 예를 들어, 개발도상국들이 선진국들에 내는 부채의 이자 규모는 그 나라들이 선진국들로부터 받는 원조의 액수를 크게 능가한다. 따라서 어떤 저자들은 이렇게 결론 내렸다. "현재 부유한 나라들은 가난한 나라들 덕분에 발전하고 있다."[21] 그러나 출애굽기의 율법은 이런 경제적인 흐름에 날카롭게 이의를 제기한다.

▸ 법정

고대 세계에서 사회의 법률 체계는 경제적으로 어렵거나 고향을 떠난 이들에게 큰 올무가 되었다. 도시의 재판관이나 마을의 장로들 앞에서, 가난한 이들은 종종 참된 정의의 실현을 훼방하는 여러 요소를 직면했다. 자신들의 입장을 대변해 줄 유력 인물들이 없었기 때문이다. 관리들은 대개 영향력 있는 가문에서 배출되었으며, 사회의 다른 고위층들과 끈끈한 인맥을 형성하고 있었다.

---

21 "Aid in Reverse: How Poor Countries Develop Rich Countries", *The Guardian*, https://www.theguardian.com/global-development-professionals-network/2017/jan/14/aidin-reverse-how-poor-countries-develop-rich-countries.

이런 맥락에서, 애굽의 통치자 투트모스 3세는 신하인 레크마이어에게 보내는 편지에서 의로운 재판관의 특질을 언급하면서 어느 한쪽에 영합하려는 유혹을 떨쳐 버릴 것을 지시했다.

〔의로운 재판관은〕 아무와도 친구가 되지 않는다. … 신은 그가 어느 한편에 치우치는 것을 가증하게 여기신다. 이것은 명령이다. … 그대가 잘 아는 이들을 마치 처음 보는 자처럼 여기라.[22]

출애굽기 23장 1-8절에는 치우친 법적 절차에 대한 상당한 질책이 담겨 있다. 이스라엘 백성은 힘을 이용해서 재판 결과에 영향을 끼치려 드는 사람들을 물리쳐야 했다(출 23:1, 7). 그리고 가난한 이들은 소송의 과정에서 특별한 보호의 대상이 되어야 했다. "재판에서 가난한 자들에게 편협한 태도를 보이지 말라"(출 23:3, 저자의 번역).

오늘날 대부분의 나라에서, 취약 계층에 속한 이들은 부유층보다 공정한 법적 절차를 누리기가 훨씬 더 어렵다. 억류된 이민자들과 난민들을 여러 주(州)로 이동시키는 미국 정부의 관행을 생각해 보자. 그들은 일관성 있는 법적 지원을 받지 못한다. 그리고

---

22 Moshe Weinfeld, *Deuteronomy 1-11*, Anchor Bible 5 (New Haven: Yale University Press, 1991), 141.

배를 타고 호주의 해안에 도착한 망명자들이 해상으로 이송되고 난민 지위를 신청할 권리를 거부당하는 일들도 있다. (유엔의 난민 고등 판무관실은 이런 행위를 불법으로 규정했다.) 출애굽기는 사회적 약자들이 법적으로 정당한 대우를 받기 원하시는 하나님의 마음을 보여 주며, 이런 그분의 마음은 지금도 변함이 없다. (복음서에서는 그리스도께서 힘없는 이들에게 긍휼을 베푸시며, 타인의 고통에 무관심하거나 적극적으로 악을 행하는 자들에게 진노하시는 모습을 보여 준다.[23]) 이 율법들은 교회가 아무 도움을 청할 길이 없는 이들을 위해 공정한 법적 절차를 요구하도록 자극할 수 있다. 이에 관해, 한 가지 실례를 들어 보겠다. 이보니 버첼(Ebony Birchall)은 유능하고 마음이 따스한 그리스도인 변호사로서 호주의 시드니에서 활동하고 있다. 하나님은 그녀에게 놀라운 기회를 주셔서, 난민 신청자들과 망명자들을 열악한 해상 시설에 억류하는 호주 정부의 정책에 반대하는 소송에서 이기는 데 중요한 역할을 감당하게 하셨다.[24] 그리고 다른 그리스도인 변호사들도 사회적 약자에게 무료 법률 지원을 제공하는 일에 시간을 들여 헌신하고 있다.

---

23 예를 들어, 누가복음 16:19-31을 보라.
24 다음의 책에는 이 집단 소송에 관한 자세한 이야기가 실려 있다. Mark R. Glanville and Luke J. Glanville, *Kinship with Refugees: A Biblical and Political Theology* (Downers Grove, IL: IVP, 2020).

그때와 지금을 위한 선교적 의미

나는 재즈 피아니스트이며, 여러 해 동안 연주자로 활동하면서 (매우 빈약한) 수입을 벌어들였다. 어떤 의미에서, 이스라엘 백성은 훌륭한 재즈 사중주단과 같은 방식으로 살아가야 했다. 조화롭고 창의적이며 모든 이의 기여를 소중히 여기는 것이 그런 삶의 태도이며, 이는 곧 태초에 존재했던 하나님의 선한 창조 세계가 보여 준 모습이다. 당시 이스라엘이 처한 문화적 환경에서 들려오는 '음악'은 애굽과 앗수르, 바벨론과 페르시아 제국에서 대량 생산되는 것이었다. 이 제국들은 실로 야만적인 통치자로서, 이스라엘과 그 주변 국가에 무자비하게 세금을 부과하고 그로 인해 얻은 부를 금고에 쌓아 두었다. 그리고 이스라엘의 왕들 역시 애굽의 바로처럼 통치하려는 유혹을 늘 받았으며, 이는 마치 백성을 애굽으로 되돌아가게 만드는 일과도 같았다(신 17:16).

오늘날에는 서구권의 여러 도시에서 재즈 음악이 은밀히 흥왕하고 있다. 재즈 음악가들은 요란한 교통 소음과 텔레비전의 상업적인 음악들로 구성된 거대 '제국'의 틈바구니에서 조용히 노래한다. 예술 세계에서, 재즈는 우리의 정서적인 뿌리를 회복하고 우리의 인간성을 되새기게 해 주며 아프리카계 미국인들이 겪는 인종차별의 고통을 기억하는 동시에 마음의 안식을 누리도록 우리를 초대한다. 이와 유사하게, 이스라엘 백성도 함께 어울려 살아가면서 새롭고 조화로운 삶의 모습을 창의적으로 드러내야 했다. 그들은 가장 연약한 이들을 공동체의 중심에 두고, 거대한 제국의 거칠고 유혹적인 음색 가운데서 하나님이 주신 자신들만의 음악을 연주해야 했다. 이 음악은 그 사중주단의 수석 연주자이신 여호와 하나님의 지혜와 아름다우심을 풍성히 드러내 주었다.

다음 장에서는 십계명을 통해, 이스라엘의 율법이 오늘날의 예배 공동체에 주는 시사점을 살펴보려 한다.

| 읽 어 볼 글 들 |

- 출애굽기 22장 21절-23장 9절
- 레위기 19장
- 신명기 24장

| 생 각 해 볼 질 문 |

01 이 장을 읽기 전에, 당신은 구약의 율법에 관해 어떤 인상을 품고 있었는가? 이제 그 율법에 대한 인상은 어떻게 달라졌는가?

_____

_____

02 이 구약의 율법들은 공공 정책에 대한 당신의 생각에 어떤 영향을 끼치는가?

_____

_____

03 당신의 나라에 찾아온 난민 신청자들을 환대하는 문제에 관해, 구약의 율법들은 어떤 교훈을 주는가?

_____

_____

4장

십계명

십계명의 개요

앞 장에서는 출애굽기에 기록된 율법의 성격을 간략히 살폈으며, 그 해석 방법론도 다루어 보았다. 이제는 성경의 율법 중 가장 유명한 부분인 십계명을 고찰하려 한다. 십계명은 지금까지 모든 세대의 교회에서 소중히 간직되어 왔다. 16세기 종교 개혁기의 저명한 신학자였던 장 칼뱅에 따르면, 그것은 신적인 법의 한 표현으로서 하나님과 동료 인간들을 향한 우리의 의무를 규정한다.[25] 역시 16세기의 종교 개혁자인 마르틴 루터는 노년기에 이렇게 언급했다. "나는 지금도 어린아이처럼 십계명 본문을 날마다 한 구

---

25 예를 들어, John Calvin, *Institutes of the Christian Religion*, 1.8.6을 보라. (『기독교 강요』, 크리스천다이제스트)

절씩 암송하고 있다."[26]

하지만 오늘날에는 십계명이 그다지 주목받지 못한다. 우리의 삶과 별로 연관성이 없어 보이는 것이다. "살인하지 말라"는 말씀을 대할 때, 우리는 이렇게 생각한다. '나는 사람을 죽인 적이 없어!' "도둑질하지 말라"는 명령 앞에서는 '나는 남의 물건을 한 번도 훔친 일이 없어!' 그러니 십계명은 (우리와는 다른) **정말 사악한** 자들을 꾸짖기 위한 계명이 아닐까? 현대의 교회들은 각 사람의 경건에 초점을 맞추면서 개인주의적인 방식으로 그 계명들을 해석하고 설교하는 경향이 있다. 이로 인해, (적어도 밀레니엄 세대의 경우에는) 그 메시지가 실생활과 큰 연관성이 없다는 느낌이 더욱 깊어진다. 이는 십계명이 오늘날의 세계적이며 문화적인 이슈들을 적절히 다루는 듯이 보이지 않기 때문이다.

하지만 실제로 십계명에서 우리 세대의 시급한 문제들, 예를 들면 부의 심각한 불평등이나 세계적인 난민 수의 증가, 만연한 소비주의 등을 철저하게 다룬다는 사실을 아는 그리스도인들은 거의 없다. 본래의 맥락에서, 십계명은 백성이 하나님을 깊이 경외하면서 그분과 교제함으로써 사회 정의를 실천하게끔 이끌기 위

---

26 Martin Luther, "Against the Antinomians", in *Christian in Society IV*, ed. Franklin Sherman, vol. 47 of Luther's Works, ed. Franklin Sherman (Philadelphia: Fortress Press, 1971), 112.

한 하나의 토대였다. 그리고 그 계명들은 오늘날에도 그런 역할을 감당할 수 있다. 이 세대를 위한 십계명의 참의미를 회복할 때, 교회는 감사와 관용으로 선지자적인 삶을 살아가게 될 것이다. 이 계명들은 크신 하나님께 경배해야 할 이유들을 우리 앞에 새롭게 보여 준다.

구약에서는 십계명 전체가 두 차례에 걸쳐 제시된다. 출애굽기 20장 1-17절과 신명기 5장 1-21절이다. 이 율법들은 이스라엘 백성이 애굽에서 나온 지 채 석 달도 되지 않았을 때 시내 산에서 처음 주어졌다. 그리고 그로부터 한 세대 후, 백성이 약속의 땅에 들어가기 직전에 요단강 건너편 모압 평야에서 두 번째로 주어졌다.

십계명의 배경

십계명을 바르게 이해하려면 이스라엘이 애굽의 노예살이에서 해방되어 홍해를 건넌 직후에 계명들을 받았다는 점을 기억해야 한다. 백성이 시내 산에 도착해서 열 마디 말씀을 받았던 시기는 애굽인들에게 맞은 채찍질로 몸과 마음의 상처가 아직 아물지 않았던 때였다.

하나님이 이스라엘 백성을 애굽에서 건져 주시기 전에 그들이 그곳에서 어떤 삶을 살았을지 한번 생각해 보자. 당시 백성은 벽돌 굽는 곳에서 일했다. 그들은 모진 채찍질 아래서 애굽의 국고성을 건설했는데, 비돔과 라암셋이 그런 곳들이다(출 1:11). 그들이 벽돌의 할당량을 미처 채우지 못하면, 백성의 감독자들이 종종 매를 맞아 목숨을 잃곤 했다(출 5:16). 히브리인 노예가 구타당할 때 모세가 개입했던 일을 기억하는가?(출 2:11) 출애굽기에 담긴 것은 그저 동화책에 나올 법한 즐겁고 유쾌한 이야기가 아니었다. 바로는 반란의 위험성을 약화시키려고 이스라엘에서 남자 아기들이 태어날 때마다 잡아 죽이는 정책을 시행했으며, 이는 일종의 종족 학살과도 같았다(출 1:15-22). 바로는 이스라엘 백성에게 벽돌을 구울 뿐 아니라 그 재료인 짚 역시 직접 구하라고 명령했는데, 이 일 역시 소름 끼친다(출 5:1-23). 바로는 이 과업이 불가능하다는 이스라엘 감독자들의 호소를 철저히 무시했으며, 그의 명령은 실질적인 사형 선고와도 같았다. 백성은 바로의 무리한 요구에 부응하려고 애쓰다가 과로로 숨을 거두든지, 아니면 할당량을 채우지 못했기에 매를 맞아 죽게 될 형편이었다. 이에 관해, 출애굽기의 저자는 이렇게 서술한다. "기록하는 일을 맡은 이스라엘 자손들이 너희가 매일 만드는 벽돌을 조금도 감하지 못하리라 함을 듣고 화가 몸에 미친 줄 알고"(출 5:19). 바로의 경제 정책에서, 백성의 생명과 삶은 하나의 소모품에 불과했다. 그는 경제적인 생산성을 자기 신으로 삼았다.

하나님은 그분의 깊은 경륜 아래, 히브리인 모세를 제국의 궁정에 두셨다. 그리고 어느 날 불타는 떨기나무 가운데서, 그분이 모세에게 말씀하셨다.

"내가 애굽에 있는 내 백성의 고통을 분명히 보고 그들이 그들의 감독자로 말미암아 부르짖음을 듣고 그 근심을 알고 내가 내려가서 그들을 애굽인의 손에서 건져 내고 그들을 그 땅에서 인도하여 아름답고 광대한 땅, 젖과 꿀이 흐르는 땅 곧 가나안 족속, 헷 족속, 아모리 족속, 브리스 족속, 히위 족속, 여부스 족속의 지방에 데려가려 하노라"(출 3:7-8).

이스라엘의 하나님이신 여호와께서 친히 오셔서 애굽에서 노예 생활을 하던 백성을 해방하셨다. 그분은 시내 산으로 그들을 인도하셔서 자신을 대면하게 하셨다. 이제 십계명을 공부하면서, 우리는 하나님이 이 율법들을 통해 그분의 선하신 뜻대로 살아가는 하나의 새 공동체를 창조하고 계신다는 점을 보게 될 것이다. 이는 그 안에 속한 모든 이가 번영하는 곳으로서, 살육과 구타의 공간에서 상호 돌봄의 공간으로 변화되는 공동체다.

하나님은 이 계명들을 두 개의 돌판에 기록하셨다. 대체로 처음의 네 계명은 오직 그분께만 경배하는 일에 관한 것들이다. 그리고 여섯 계명은 이스라엘 백성이 공동체를 이루어 살아가는 방식에 연관된다. 이 장의 남은 부분에서는 그 계명 중 다섯 가지를 살펴본 뒤 오늘날의 교회를 향한 몇 가지 결론을 제시하려 한다.

첫째 계명: 오직 하나님께만 경배하기

첫째 계명에서, 하나님은 이스라엘 백성이 오직 그분께만 경배할 것을 요구하신다. 이 계명의 히브리어 원문을 직역하면 이러하다. "너희는 내 얼굴 앞에 다른 신들을 두지 말라." 여호와 하나님은 신 중의 신이시기에, 자신의 보좌를 누구와도 공유하지 않으신다. 따라서 다른 어떤 신도 그 백성이 충성할 대상이 될 수 없다. 그것이 거대한 제국의 배후에 있는 '위대한' 신들이든, 각 집안을 지켜 준다고 여겨졌던 작고 개인적인 신들이든 간에 마찬가지다. 하나님이 이스라엘 백성과 맺으신 언약은 백성의 절대적인 충성을 요구했기에, 그들이 다른 신들을 좇아서는 안 되었다.

출애굽기에서 드러나는 하나님의 계시들(불붙은 떨기나무나 그분의 강력한 이적과 율법 등) 앞에서, 이스라엘 백성은 마땅히 경외심을 품고 엎드려 절해야 했다. 이 언약 관계에는 그분의 깊은 긍휼과 자비 역시 담겨 있었다. "내가 … 독수리 날개로 너희를 업어 내게로 인도하였[다]"(출 19:4). 그분은 그들 **중에** 거하셨으며(출 25:8), 친히 그들의 치료자가 되셨다(출 15:26).

이 첫째 계명에는 일종의 윤리적인 함의도 담겨 있다. 이 계명의 바로 앞 구절에서, 하나님은 이렇게 말씀하신다. "나는 너를 애굽 땅, 종 되었던 집에서 인도하여 낸 네 하나님 여호와니라"(출 20:2-3; 신 5:6). 여기서 하나님은 자신이 가장 힘없고 약한 이들을 위해 역사에 개입하시는 분임을 드러내신다. 이는 바로와 그의 통치를 뒷받침했던 애굽의 '위대한' 신들이 지닌 것과는 정반대되는 모습이다.

넷째 계명: 안식일과 쉼

애굽에서는 일주일 중에 쉬는 날이 없었으며, 이스라엘 백성의 경우에는 특히 더 그러했다. 바로의 벽돌 굽는 곳들은 주말에도 생산을 멈추지 않았던 것이다. 하지만 하나님은 이렇게 말씀하셨다.

"안식일을 기억하여 거룩하게 지키라. 엿새 동안은 힘써 네 모든 일을 행할 것이나 일곱째 날은 네 하나님 여호와의 안식일인즉 너나 네 아들이나 네 딸이나 네 남종이나 네 여종이나 네 가축이나 네 문안에 머무는 나그네라도 아무 일도 하지 말라. 이는 엿새 동안에 나 여호와가 하늘과 땅과 바다와 그 가운데 모든 것을 만들고 일곱째 날에 쉬었음이라. 그러므로 나 여호와가 안식일을 복되게 하여 그날을 거룩하게 하였느니라"(출 20:8-11).[27]

---

27 나는 이 구절을 인용하면서 NRSV 역본의 "거류민"을 "나그네"로 대체했다.

하나님이 오랫동안 노예로 살아온 이 민족에게 매주 안식의 날을 지킬 것을 선포하고 계신다. 얼마나 복된 소식인가! 우리의 삶이 번성하기 위해서는 일 이상의 것들이 요구된다. 인간에게는 놀이와 쉼의 공간도 필요하기 때문이다. 이처럼 고대의 이스라엘 백성 역시 이 노동과 휴식의 리듬을 계속 이어 가야 했다. 특히 사회적 약자들이나 가축들에게도, 이 쉼이 반드시 보장되어야 했다.

안식일의 계명을 통해, 하나님은 비인간적으로 반복되는 생산과 노동의 패턴을 중단시키고 백성이 참된 생명력을 누리게 하셨다. 애굽의 방침은 어떤 대가를 치르고서라도 목표 생산량을 채우는 것이었다. 하지만 이스라엘 백성은 모든 사람의 번영을 더 우선시해야 했다. 공동체에 속한 힘없고 약한 종들과 나그네들까지도 착취의 대상이 되어서는 안 되었다. 이들 역시 안식일의 쉼을 누려야 했다. 이런 식으로, 안식일의 계명은 가장 취약한 이들까지 사회의 온전한 구성원이자 공동체의 일원으로 높이고 존중했다. 하나님이 이스라엘에 베푸신 은혜는 바로 이런 이들을 위한 것이었기 때문이다.

오늘날의 그리스도인들에게 안식일의 계명은 무엇을 의미할까? 우리가 다른 이들의 안식을 빼앗는 방식으로 살아서는 안 된다는 것을 가르쳐 준다. 우리는 가장 힘없고 약한 이들까지 공동체에 온전히 참여하도록 돕기 위해 창의적인 방법들을 숙고해야 한다. 또한 이 계명은 지구의 환경에도 휴식이 필요하다는 사실을 일깨워 준다(출 23:10-11).

이제 예배 공동체가 안식일의 계명을 실천하는 방법에 관해 하나의 사례를 들어 보겠다. 우리 교회에서는 '저스트 워크'(Just Work)라는 단체를 설립했는데, 그 목적은 장애 등의 사유로 안정적인 직장을 찾지 못한 이들에게 적절한 일자리를 주는 데 있다. 이 단체는 여러 기부자의 후원을 받아 집수리나 출장 요리, 공예 작업을 비롯한 각종 분야의 일자리를 제공하며, 공예 작업실은 교회 건물의 지하에 자리 잡고 있다. 이런 직업 활동을 통해, 그들은 노동과 쉼으로 이루어진 안식일의 리듬 속으로 들어가게 된다. '저스트 워크'의 사역은 우리가 수행하는 경제 활동의 목표를 바꾸어 놓고 있다. 기본 목표는 수익을 창출하는 동시에 바람직한 일자리를 만들어 내는 것이다.

안식일의 계명은 또한 우리로 하여금 기후 변화를 깊이 숙고하게 만든다. 오늘날 기후 변화는 정치적으로나 사회적으로 매우 중대한 문제이며, 이는 그 현상이 돌이키기 힘든 결과를 낳기에 특히 그러하다. 세계의 저지대 지역들에서는 극빈층에 속한 가정들이 대대로 머물러 온 삶의 터전에서 쫓겨나고 있다. 한 예로, 태평양의 섬나라 키리바시는 몇 년 내에 완전히 해수면 아래로 가라앉게 될 것이 거의 확실하다.[28] 그러나 안식일의 계명은 비인간적인 생산의 패턴을 중단시키고 우리에게 참된 생명력을 가져다준다. 그 가르침에 따르면, 키리바시 사람들 역시 자신들의 땅에서 쉼을 누릴 수 있어야 한다. 그리고 지구 환경 전체에도 그런 휴식이 요구된다(출 23:10-11).

그런데 예수님이 사역하셨던 1세기 무렵, 안식일의 계명은 원래의 윤리적인 의미를 상당히 잃어버린 상태였다. 예수님은 이 계명을 엄격하게 적용하는 것에만 집착하던 유대교 지도자들을 향해 이렇게 힐문하셨다. "내가 너희에게 묻노니 안식일에 선을 행하는 것과 악을 행하는 것, 생명을 구하는 것과 죽이는 것, 어느 것이 옳으냐?"(눅 6:9; 또한 마 23:23; 막 2:27; 눅 13:16; 14:1-6을 보라)[29]

여섯째 계명: "살인하지 말라"

오늘날에는 '살인하지 말라'라는 율법을 개인의 범죄로만 받아들이는 경향이 있다. 혹은 사회 전반에 적용할 때는 사형 제도나

---

28 "Our Island is Disappearing but the President Refuses to Act", *The Washington Post*, https://www.washingtonpost.com/news/theworldpost/wp/2018/10/24/kiribati/.

29 Richard B. Hays, *The Moral Vision of the New Testament: Community, Cross, New Creation* (New York: HarperOne, 1996), 99-100 역시 참조하라. (『신약의 윤리적 비전』, IVP)

낙태, 전쟁 문제와 연관되기도 한다. 이런 측면에서 이 계명은 매우 중요한 함의들을 지니지만, 다른 한편으로 그 함의들은 상당히 복잡한 성격을 띤다.

이 계명에는 바로 같은 권력자들의 횡포를 제지하려는 의미도 담겨 있다. 우리는 이 율법이 오랫동안 애굽에서 노예로 살아온 백성에게 주어진 것임을 기억해야 한다. 국가적인 폭력으로 가족을 잃거나 벽돌 노동자들이 생명의 위협을 받던 이 민족에게, 그 교훈은 실로 아름답게 다가왔을 것이다! 이 말씀에는 이러한 메시지가 담겨 있었다. "모든 인간의 생명은 소중하다." 그들이 떠나온 애굽에서는 인간의 생명보다 경제적 생산성을 더 중요시했다. 그렇기에 벽돌 생산 할당량을 채우지 못할 때면 히브리인 감독자들의 목숨이 위태로웠으며, 노예로 있던 백성을 계속 굴복시키기 위해 이스라엘 민족의 남자 아기들을 살해했던 것이다. 하지만 애굽과 달리, 이스라엘은 어떤 대가를 치르고라도 생산성을 확보하려는 경제 체제를 추구해서는 안 되었다. 오히려 그들은 서로 이웃을 섬기고 돌보는 참된 공동체를 이루어 가야 했다.

여섯째 계명에 대한 이 해석은 부의 축적보다 인간의 생명을 우선시하는 다른 여러 성경의 율법들을 통해서도 확증된다. 그 예로, 담보를 다루는 율법의 한 규정을 보라.

"사람이 맷돌이나 그 위짝을 전당 잡지 말지니 이는 그 생명을 전당 잡음이니라"(신 24:6).

고대 세계에서 맷돌은 곡식을 갈아서 빵을 만드는 데 사용되었다. 그렇기에 말 그대로 각 가정의 생존에 꼭 필요한 도구였다. 따라서 채권자들이 담보로 이 맷돌을 가져가는 일은 허용되지 않았다.

여기서 이스라엘의 율법은 상당히 급진적인 성격을 띤다. 너무나 많은 사회에서, 상당히 미묘한 방식으로 인간의 삶 자체보다 경제적인 생산성을 더 중요시하는 모습을 보인다. 이백 년 전 영국에서는 양 한 마리를 훔치면 교수형에 처했다. 사람의 생명보다 경제적인 생산성을 더 귀하게 여겼던 것이다. 우리는 여섯째 계명을 살피면서, 내가 속한 사회 문화 속에서도 이와 유사하게 가치의 역전이 일어나고 있지는 않은지 돌아보아야 한다. 이런 일이 쉽게 발생하는 영역 중 하나는 바로 국제 무역이다. 지금 내가 거주하는 캐나다의 경우, 관세 수입의 절반가량을 개발도상국들에게서 거두어들인다. 그래서 그 국가들이 수출하는 제품의 가격이 올라가서 소비자들의 선택을 받기가 더 어려워진다. 이 국가들이 부담하는 관세는 뉴질랜드나 미국에서 수입되는 제품에 부과되는 세금보다 훨씬 높을 때가 많다. 캐나다 정부에서 후자의 나라들을 우방국으로 여기고 더 우대하기 때문이다. 이런 무역 관행이나 과거 식민 통치의 영향 아래서, 전 세계의 최빈국들은 세계화와 현대의 기술 진보에 따른 혜택을 거의 누리지 못한다. 그로 인해 나라들 사이에서는 부의 격차가 점점 심화되어 갈 수밖에 없다.[30]

여섯째 계명은 불공정한 무역 질서에 관한 하나님의 메시지가 있음을 가르친다. 인간의 삶이 경제적 이익보다 더 우선시되어야 한다는 것이다. 구약에서, 인간 생명의 가치는 다음의 말씀에 근거를 둔다. "다른 사람의 피를 흘리면 그 사람의 피도 흘릴 것이니, 이는 하나님이 자기 형상대로 사람을 지으셨음이니라"(창 9:6). 사람은 하나님의 형상으로 지음을 받았다. 그렇기에 "살인하지 말라"고 명령하신다.

여덟째 계명: "도둑질하지 말라"

이 계명을 들을 때면, 나는 검은 마스크를 쓴 도둑이 한밤중에 남의 집 주위를 어슬렁거리는 모습이 떠오른다. 상상 속에서, 그 도둑은 마치 맥도날드 햄버거의 광고 모델처럼 큰 흑백 줄무늬의 셔츠를 입고 있었다. 나는 가난한 이가 부자의 재물을 훔치는 모습을 연상했던 것이다.

---

30 "International Trade or Technology? Who is being Left Behind and What to Do About It", CDP Background Paper 45 (2018).

어떤 의미에서, 그 이미지는 참되다. 여덟째 계명에서는 모든 종류의 도둑질을 금하고 있기 때문이다. 하지만 이 명령 자체의 의도는 주로 부자들의 횡포를 억제하려는 데 있다.[31] 한 예로, 토지 소유에 관한 성경의 율법들을 생각해 보자. 이스라엘에서 토지를 다루는 율법은 어떤 이들이 원치 않게 빈곤에 빠지는 것을 막는 주된 보호 장치였다. 하나님은 백성의 모든 가정이 토지를 소유하기를 바라셨으며, 토지들은 농업과 방목의 용도로 사용되었다. 여호수아서에서는 온 이스라엘 백성에게 토지가 분배되어 각 가정이 고유한 생산 수단을 갖게 된 일을 기록한다. 율법에 따르면, 아무도 이 가정들의 토지 소유권을 빼앗아 갈 수 없었다. "토지를 영구히 팔지 말 것은 토지는 다 내 것임이니라"(레 25:23). 하나님이 온 땅의 주인이셨으며, 모든 이에게 일부를 나누어 주신 것이었다. 얼마나 놀라운 경제 구조인가! 부를 창출하는 자본이 각 백성에게 주어졌고, 어떤 소수의 특권층이 그 수단을 독점할 수 없었다.

어떤 이스라엘의 가정도 영속적인 궁핍에 처해서는 안 되며, 반대로 어떤 가정도 지나치게 재물을 모아서는 안 되었다. 애굽의

---

31 이 점에서, 성경 율법들의 전반적인 초점은 부유하고 힘 있는 자들의 폭력과 월권을 억제하는 데 있었다. 예를 들어, 신명기 24:6-22에서 이런 의도의 가르침을 볼 수 있다.

바로 같은 권력자들이 부를 축적하는 일은 일절 금지되어 있었다. 이 계명의 주된 의도를 두 가지 요점으로 나타낼 수 있다.

- 이 계명은 하나님이 각 가정에 주신 토지의 소유를 보장한다.
- 이 계명은 다른 이들을 희생시켜 가면서까지 과도하게 부를 축적하는 일을 금한다.

크레이그 블롬버그는 이 계명의 정신을 다음과 같이 요약한다. "하나님은 전부를 소유하고 계시며, 우리 모두가 그중 일부를 누리기를 바라신다."[32] 우리는 하나님이 우리에게 각자가 살기에 충분할 뿐 아니라 서로 나누고 베풀 수 있도록 풍성히 주신 것을 기뻐하며 감사해야 한다.

여덟째 계명에는 오늘날의 예배 공동체들을 향한 하나님의 부르심이 담겨 있다. 곧 단순한 삶에 헌신하는 공동체가 되라는 것이다. 지금 내가 거주하는 밴쿠버의 경우, 주위의 풍요로운 생활 방식에 영향을 받지 않으면서 살아가기가 거의 불가능하다. 특히 한 개인이나 가정이 소비주의의 압력에 저항하기는 매우 어려운 상황이다. 하지만 우리가 성령님의 내주를 누리면서 서로를 격

---

32 Craig Blomberg, *Neither Poverty nor Riches: A Biblical Theology of Possessions* (Leicester: Apollos, 1999), 241. (『가난하게도 마옵시고 부하게도 마옵소서』, IVP)

려하는 공동체로 함께 살아갈 때, 진정한 변화의 가능성이 찾아온다. 그리고 이 변화는 우리에게 더욱 풍성한 기쁨을 안겨 준다! 이전에 내가 사역했던 한 교회에서는 매년 '감사의 달'을 지켰다. 한 달 동안 기존의 소비 습관을 내려놓고, 각자 한 가지씩 작지만 구체적인 변화에 헌신하는 기간이었다. 어떤 이들은 식재료들만을 구입하고 다른 소비는 일절 중단했으며, 다른 이들은 한 달 동안 외식을 하지 않았다. 그리고 한 가정은 날마다 일인당 2달러씩의 식비만을 지출하며 살았는데, 이는 전 세계 인구 중 심각한 빈곤에 시달리는 삼분의 일의 경험에 동참하기 위함이었다. '감사의 달'은 남은 열한 달에 대한 우리의 기대 수준을 바꾸어 놓았고, 덕분에 우리는 전보다 훨씬 적은 생활비로도 감사하면서 만족스럽게 살아갈 수 있었다.

또한 우리는 이 계명을 살피면서 이윤 추구의 의미를 되짚어 보게 된다. 성경의 가르침을 신실하게 따르려 하는 기업가들은 수익을 다른 이들과 공유할 방법을 다양하게 모색해 볼 수 있다. 예를 들어, 앞서 언급한 '저스트 워크'에서는 직장을 찾지 못하는 이들에게 안정된 일자리를 제공하는 동시에, 여러 업체와의 계약을 이행함으로써 계속 수익을 내고 있다. 그럼으로써 이 단체는 지속적인 생명력을 이어 가는 것이다.

열째 계명: "탐내지 말라"

이 계명을 살피는 일은 그리스도인들이 구약에 관해 크게 오해하는 것 중의 하나를 푸는 데 도움을 준다. 흔히들 구약의 내용이 전부 외적인 규칙을 다루고, 본문의 메시지는 지루하고 무의미하다고 여기곤 한다. 당신도 구약을 이렇게 생각했던 적이 있는가? 하지만 열째 계명에서 하나님은 백성에게 마음의 변화를 요구하시고 계신다.

"네 이웃의 집을 탐내지 말라. 네 이웃의 아내나 그의 남종이나 그의 여종이나 그의 소나 그의 나귀나 무릇 네 이웃의 소유를 탐내지 말라"(출 20:17).

이 율법에 담긴 것은 하나의 외적인 규례가 아니다. 오히려 우리 마음의 문제를 다루고 있다. 이 계명의 의도는 우리가 동료들의 번영을 바라고 추구하게끔 만들려는 데 있다. 무언가를 탐내는 일은 곧 타인에게 해를 끼치면서까지 어떤 것을 소유하려는 욕망을 뜻한다. 하지만 이스라엘 백성에게는 그런 마음의 태도가 금지되어 있었다.

고대 이스라엘에서, 예를 들어 이 문제는 다음의 형태로 나타날 수 있었다. 내 이웃이 어려움에 처했다고 생각해 보자. 그가 하나뿐인 소를 나에게 팔 테니 곡식을 달라고 요청한다. 여기서 열째 계명의 요점은 이 틈을 타서 그의 전부를 가로채려 해서는 안 된다는 데 있다. 그의 귀중한 재산인 소를 탐내서는 안 된다. 오히려 그에게 유익이 되는 방향으로 너그럽게 거래를 진행해야 한다. 심지어 그에게 소가 없더라도, 여전히 내 곡식 중 일부를 나누어 주어야 한다.

이 계명은 이스라엘 백성에게 그저 공정한 규칙을 지키는 것 이상의 일을 요구했다. 이제 그들은 이기적으로 무언가를 끝없이 획득하려는 태도(이는 바로의 정신이다)를 버리고, 상호 돌봄의 정신 아래서 서로 나누며 베풀어야 했다. 이 정신이 공동체 전체에 깊숙이 스며들 때, 그들은 한 형제자매처럼 친절과 겸손, 사랑으로 함께 살아갈 수 있었다.

결론: 가장 약한 이들을 중심에 두라

내가 이처럼 십계명을 원래의 맥락에서 읽기 시작한 것은 호주의 시드니 서부에 있는 공공 주택 지역에서 사역할 때였다. 이 지역 주민들은 지금도 풍성한 공동체를 이루면서 살아가지만, 재정과 취업의 측면에서는 늘 어려운 상황 속에 있다. 당시 나는 몇 가지 중요한 교훈을 배웠다. 이곳에 거주하는 많은 싱글맘은 직장에 가서 일할 시간적 여유가 없었으며, 그들에 대한 정부의 지원금 삭감은 말 그대로 식비와 주거 비용을 감당할 수 없게 되는 것을 의미했다. 이 시기에, 나는 또 호주의 원주민 아이들이 강제로 가족과 떨어져서 미션 스쿨들로 보내지고 있음을 알게 되었다. 이 비극적인 이야기는 내 이웃들과 지인들이 어린 시절에 직접 겪은 일이기도 했다. 이런 사실들을 종합하면서, 나는 인간의 고통에 대한 책임이 각 개인의 행동뿐 아니라 사회 체제 전반에도 있음을 깨달았다. 각 지역이나 전 세계에서 경제적으로 극빈층에 속한 이들은 (자신들의 선택보다도) 원치 않게 닥쳐온 불행으로 그렇게 된 경우가 많다. 그리고 한 사회 내의 여러 구조는 (우연히든 혹은 의도적으로든) 그들이 계속 그런 상태에 머물게끔 만드는 방식으로 작동한다.

나는 이 지역 공동체에서 사역하는 동안, 십계명을 비롯한 성경의 특정 부분들을 새로운 눈으로 읽어 가기 시작했다. 그리고 인류를 향한 하나님의 갈망에는 우리가 어울려 살아가는 방식에 대한 그분의 계획도 포함되어 있음을 깨달았다. 하나님은 각 사람의 마음과 삶을 소유하셨다고 주장하시듯이, 우리가 이룩하는 사회의 여러 영역도 그분의 것임을 선언하신다. 경제와 공동체, 가난 타파와 도시 계획, 복지와 사회 서비스, 고용과 무역, 환경과 미디어, 기술의 사용과 건축, 인종 차별의 극복과 평등, 이민과 교육 등이 전부 그러하다. 모든 영역에서, 아버지 하나님은 그분의 뜻이 하늘에서처럼 땅에서도 이루어지기를 원하신다.

십계명에는 인간 사회를 향한 하나님의 뜻이 고대적인 방식으로 생생하게 표현되어 있다. 그 계명은 또 바로로 대표되는 세상의 권력자들을 향한 그분의 의지를 뚜렷이 드러내는 것이기도 하다. 십계명에는 서로 대조되는 두 권세자의 흔적이 깊이 새겨져 있다. 이스라엘의 하나님 여호와와 애굽 왕 바로다(바로는 스스로를 하나의 신적인 존재로 여겼다). 십계명에 담긴 각 계명은 사실상 이러저러한 방식으로 바로와 그의 통치를 정죄하고 있다.

또 십계명에서는 대조되는 두 가지의 사회 모델이 드러난다. 하나는 바로의 길에 서서, 어떤 대가를 치르고서라도 이익만을 추구하는 사회다. 다른 하나는 하나님의 길을 좇아, 서로 가족처럼 아끼고 위하면서 살아가는 사회다. 다음의 도표는 두 통치자와 두 사회의 특성을 요약적으로 보여 준다.

두 개의 사회 모델

심판받고 버려진 공동체		새롭게 드러난 공동체
- 주관자: 바로 - 사회 모델: 부의 이기적인 축적과 힘의 공고화	→	- 주관자: 여호와 하나님 - 사회 모델: 가족 같은 친밀한 공동체

자신들을 위해 재물을 모으며 더 큰 힘을 확보하려는 사회들의 모델은 출애굽 사건으로 심판을 받고 뒤에 남겨졌다. 이제 하나님은 그분의 선한 통치를 통해, 인류가 하나의 친밀한 가족으로 살아가는 새 시대의 가능성을 열어 주셨다.

여기까지 우리는 이스라엘의 율법에 담긴 인간 사회를 향한 하나님의 비전을 살펴보았다. 이제 하나님이 그 비전을 이루기 위해 들어 쓰신 출애굽기의 몇몇 주요 인물을 자세히 다루어 보겠다.

| 읽어 볼 글들 |

- 출애굽기 20장 1-18절
- 이사야 58-59장
- 누가복음 14장 1-24절

| 생각해 볼 질문 |

01 당신이 속한 예배 공동체에서 십계명을 이해해 온 방식과 그 계명의 원래 의도 사이에는 어떤 차이점들이 있을까?

_____

_____

02 당신의 거주 지역에서 발생하는 사회적 불의로서, 당신이 속한 예배 공동체에서 함께 해결해 나갈 만한 문제로는 어떤 것들이 있을까?

_____

_____

03 그 문제들을 다루기 위한 첫 단계는 무엇일까?

_____

_____

5장

바로를 속인 여인들과 모세

 이 장에서는 당시 하나님 나라의 일에 쓰임을 받았던 이들의 삶을 살펴보려 한다. 출애굽기는 모세를 깊은 사랑과 인내심을 품은 지도자의 모범으로 제시한다. 그 책에서는 또한 몇몇 여인이 힘과 기지를 발휘해서 바로의 몰락에 기여한 일을 칭송한다.

지도자의 초상: 출애굽기의 모세

모세의 어린 시절

 모세는 구약의 대표적인 인물 중 하나다. 그는 하나님께 택함을 받아, 이스라엘 백성을 애굽 바깥으로 인도해 냈다. 시내 산에서 하나님이 주신 율법인 토라를 받아서 백성에게 전달했을 뿐 아니라, 율법의 탁월한 교사이기도 했다. 후에 이스라엘 민족이 광야에서 방황할 때, 모세는 백성 중에서 최초이자 가장 위대한 선지자의 사역을 감당했다. 하나님의 말씀을 그들에게 전해 주었으며, 그분과의 언약을 신실하게 지킬 것을 촉구했다(신 18:15). 그리고 끝으로, 모세는 이스라엘 백성을 약속의 땅으로 인도할 자로 부름을 받았다. 이 모든 과정에서, 그는 누구와도 견줄 수 없을 만큼 하나님께 깊은 신뢰를 얻었다. 백성의 금송아지 우상 숭배 사건 후, 모세는 사십 일을 밤낮으로 하나님과 독대하면서 그분과 교제했다(출 34:28).

모세가 성경의 드라마에 등장한 시점은 이스라엘을 향한 애굽의 살인적인 억압이 절정에 이르렀을 때였다. 모세는 유년기에 애굽의 서기관들에게 교육을 받았으며, 기간이 대략 십이 년 정도 지속되었을 것이다. 그리고 그 내용은 쓰기와 읽기, 수학에 중점을 두었을 것으로 보인다. 출애굽기의 앞부분에서, 본문의 화자는 모세가 어떤 가치관과 신념을 품은 인물이었는지를 알리고자 한다. 여기서 당시의 사건들이 서술되는 순서에는 상당한 의미가 있다. 모세는 애굽에서 이스라엘 백성이 가혹한 노동에 시달리는 모습을 목격했다(출 2:11). 곧바로 이어지는 세 사건은 그가 장차 그 백성의 곤경에 개입하게 될 것을 넌지시 알려 준다. 이는 모두 모세가 불의에 맞서 싸운 사건들이었다. 그는 먼저, 이스라엘 노예를 구타하는 애굽인을 때려눕혔다(출 2:12). 그런 다음에는 이스라엘 백성 간의 싸움에 개입했으며(출 2:13), 끝으로 이드로의 딸들이 아버지의 양 떼에게 무사히 물을 먹이게끔 도왔다(출 2:17). 이 시점에서, 모세는 억압받거나 소외된 이들을 위해 싸우는 일종의 로빈 후드 같은 인물로 나타난다. 이 사건들은 모세의 성품을 보여 줄 뿐 아니라, 후에 하나님께 받아서 그 백성에게 전해 줄 율법의 목적과 성격을 미리 드러내는 것이기도 했다.

모세의 리더십

출애굽기의 화자는 모세가 백성을 이끌면서 겪었던 일들을 서술하는 데 많은 관심을 기울인다. 그리하여 우리는 하나님 백성의 인도자였던 그의 성품과 그가 겪은 시련들을 잘 알 수 있다. 본문은 모세가 한 사람의 리더로 세워진 과정과 그가 마지못해 그 역할을 떠맡게 된 일, 그리고 광야에서 백성을 인도하면서 맛보았던 성공과 (더 흔하게는) 힘들고 고통스러웠던 경험들을 숙고해 보도록 우리를 초청한다. 어떤 면에서, 출애굽기에 담긴 모세의 생애는 리더십을 다룬 한 편의 연구와도 같다. 그리고 이를 기록한 목적은 아마도 후대에 백성을 이끌 지도자들에게 유익을 주고자 함이었을 것이다.

우리는 누구나 어떤 식으로든 지도자의 역할을 맡게 된다. 부모나 조부모, 교사와 직장 상사, 혹은 교회의 목회자 등이 그런 일들이다. 그 일들은 종종 상당한 마음의 상처와 부담을 안겨 준다. 많은 경우, 리더는 힘들고 지치는 자리다. 하지만 하나님은 그의 사역을 통해 다른 이들도 그분의 나라를 섬기도록 만드시며, 우리에게 이보다 더 즐겁고 보람된 일은 없다. 여기서는 모세의 리더십을 두 가지 측면에 초점을 맞추어 살펴볼 것이다. 그리고 출애굽기 전체를 하나님 나라의 리더십을 다루는 일종의 연구로 여기면서 찬찬히 읽어 나가는 일도 유익할 것이다.

1. 실패를 겪고 낙담했던 모세의 초기 모습

이스라엘 백성이 광야에 가서 그분께 경배하게 하라는 하나님의 명령을 모세와 아론이 바로에게 처음 선포했을 때, 바로는 그저 백성의 노동 부담을 가중시켰을 뿐이었다. 이에 이스라엘 백성이 모세와 아론을 원망하면서 이렇게 소리쳤다. "여호와는 너희를 살피시고 판단하시기를 원하노라!"(출 5:21) 낙담한 모세의 호소도 들어 보라.

"주여, 어찌하여 이 백성이 학대를 당하게 하셨나이까? 어찌하여 나를 보내셨나이까? 내가 바로에게 들어가서 주의 이름으로 말한 후로부터 그가 이 백성을 더 학대하며 주께서도 주의 백성을 구원하지 아니하시나이다"(출 5:22-23).

모세가 경험한 리더의 위치는 매우 어려운 것이었다. 지도자의 역할을 처음 맡을 때, 흔히들 내가 근사한 업적을 이룰 수 있다는 비현실적인 기대를 품곤 한다. 금세 성공을 거둔 스타트업 회사들의 뉴스를 접하거나 소셜 미디어에 올린 글들이 쉽게 인기를 얻을 때, 그 기대감은 더욱 커진다. 하지만 모세는 그런 성공 대신에, 그저 하나님을 신뢰하면서 묵묵히 한 걸음씩 내딛도록 부르심을 받았다. 그는 약속의 땅을 향하여 가는 여정에 온갖 장애물이 있음을 발견했다(예를 들어, 출 17:8-16을 보라). 하나님의 관점에서 바라본 성공은 세상의 부와 권력을 추구하는 바로의 통치 방식과는 전혀 달랐다. 그렇기에 바로의 리더십은 앞선 열 가지 재앙으로 철저히 심판을 받고 버려졌던 것이다. 출애굽기에서 말하는 '성공'은 오직 모세가 하나님 말씀에 늘 순종하며 이스라엘 백성을 향한 그분의 계획들을 묵묵히 받드는 데서 드러났다.

모세는 프리드리히 니체가 "한 방향으로의 오랜 순종"(the long obedience in the same direction)으로 지칭했던 일을 행하도록 부름을 받았다.[33] 예를 들어, 이스라엘 백성이 심한 갈증을 겪었던 세

---

33 Friedrich Nietzsche, *Beyond Good and Evil*, trans. Helen Zimmern (London: T.N. Foulis, 1907), 188. (『선과 악을 넘어서』, 다락원)

번의 사건에서, 그의 이 순종을 볼 수 있다. 마라에서 백성이 물을 찾으면서 모세와 다툴 때, 그는 하나님을 신실하게 따랐다(출 15:22-27). 이 일이 므리바에서 다시 반복되었고(출 17:1-7), 모세는 백성을 위해 주님께 간구했다. 그런데 여러 해가 지났을 때, 광야에서 태어난 그다음 세대의 백성이 자신들의 부모 세대와 똑같이 하나님을 원망하며 불평했다(민 20:2-13). 당신은 이제 모세가 얼마나 지쳤을지 상상이 갈 것이다! 각각의 상황에서, 백성은 모세를 비난하고 탓하면서 제멋대로 행하려 했다. 그리고 모세는 홀로 힘과 용기를 발휘해서, 백성에게 다시금 하나님을 신실하게 따를 것을 촉구해야 했다. 이 본문들을 읽을 때마다 내게는 그가 겪었을 마음의 고통이 생생히 다가온다. 지도자라면 누구나 그런 경험이 있지 않은가? 나라면 이스라엘 백성에게 이렇게 고함치고 싶었을 것이다. "아니, **또** 불평하는 겁니까? **또요**?"

모세를 향한 하나님의 뜻은 매일 결정적인 승리를 거두라는 데 있지 않았다. 그는 그저 날마다 하나님을 신실하게 따르도록 부름을 받았다. 이는 매일 새롭게 주어지는 그분의 부르심에 늘 "예"라고 대답하는 일이다. 이로써 모세는 '한 방향으로의 오랜 순종'에 계속 헌신할 수 있었다. 실제로 하나님은 모세와 이스라엘 백성을 끝까지 신실하게 돌보셨다. 그렇지 않은가? 그렇기에 우리 지도자들은 새 힘을 내야 한다. 우리가 마주치는 모든 장애물 안에서, 큰 목자이신 주님이 우리를 그분의 작은 목자들로 양육하고 계심을 알기 때문이다. 주님은 우리가 이러한 어려움을 겪으면서 더 겸손하고 지혜로우며 사랑이 많고 성숙한 지도자로 자라나서, 하나님 나라의 일에 알차게 쓰임받게 되기를 바라신다.

2. 자신의 백성을 위하는 모세

모세는 자신이 돌보는 하나님의 백성을 **위하는** 인물이었다. 그 리더십의 핵심 특징은 사심 없는 태도와 공동체를 향한 깊은 사랑의 실천에서 드러난다. 한 예로 백성이 금송아지를 만들어 우상 숭배의 죄를 범했을 때, 하나님은 백성을 진멸하고 모세와 그의 후손들로 이루어진 새 공동체를 건설하기로 계획하셨다(출 32:11). 하지만 모세는 이스라엘의 새 조상이 되라는 하나님의 제안을 받아들이지 않았다. 다만 그는 백성이 범한 죄의 심각성을 고백하는 동시에, 이렇게 간곡히 탄원했다. "그러나 이제 그들의 죄를 사하시옵소서. 그렇지 아니하시오면 원하건대 주께서 기록하신 책에서 내 이름을 지워 버려 주옵소서"(출 32:31-32). 자신의 운명을 이스라엘 백성의 미래에 이렇게 결부시킬 때, 백성을 향한 모세의 희생적인 사랑은 더욱 놀라워졌다. 그는 이스라엘 백성을 향한 하나님의 원래 목적과 의도를 받드는 데 전념하며, 자신의 성공과 장래에 대한 가능성을 그 뜻에 철저히 종속시켰다. 그리고 백성이 모세에 관해 다음과 같이 폄하의 말들을 늘어놓은 후에 그가 이렇게 행했다는 점 역시 주목할 만하다. "이 모세 곧 우리를 애굽 땅에서 인도하여 낸 사람은 어찌 되었는지 알지 못함이니라"(출 32:1).

모세의 과분한 사랑과 헌신은 그리스도의 십자가를 미리 보여 주는 하나의 징표와도 같다. 주님이 사역하시던 당시의 유대인들은 그분이 행하시는 권능과 이적들을 보면서도 이렇게 찬탄했다. "우리가 이런 일을 도무지 보지 못하였다!"(막 2:12) 하지만 제자들이 주님에게 진정한 충성심을 품게 된 것은 바로 그분의 깊은 겸손과 희생적인 사랑 때문이었다. 이에 관한 바울의 선포를 들어 보라. "그러나 내게는 우리 주 예수 그리스도의 십자가 외에 결코 자랑할 것이 없으니"(갈 6:14). 그는 주님의 겸손을 본받으면서 그분의 모습을 묵상한다. "자기를 낮추시고 죽기까지 복종하셨으니 곧 십자가에 죽으심이라"(빌 2:8). 하나님 나라에 속한 리더들은 바로 이 희생적인 사랑의 길로 나아가야 한다. 진실로 주님을 따르기 원한다면, 내 위대함을 드러냄으로써 다른 이들의 충성심을 얻어 내려 해서는 안 된다. 오히려 그 일은 깊은 희생과 헌신을 통해 이루어져야 한다. 물론 모세는 이스라엘 백성을 인도하면서 온갖 다툼을 겪고 낙심에 빠지기도 했다. 하지만 그는 진실로 겸손했으며(민 12:3), 자기 운명을 백성의 장래에 밀접하게 결부시킨 인물이었다. 그렇기에 공동체 안의 많은 이가 그를 온전히 사랑하고 따랐던 것이다.

오늘날의 그리스도인 지도자들에게, 이처럼 이타적이며 관대한 사랑을 실천하는 것은 실로 좁고 험한 길을 가는 것이다. 솔직히 말해, 우리는 우리가 인도하는 이들만큼이나 자기중심적일 때가 많다. 그리고 그들에게 실망할 때, 우리는 종종 깊은 분노에 사로잡힌다. 이때 우리는 하나님 앞에서 그들의 옹호자가 아니라 오히려 그들을 비난하며 정죄하는 자가 되고 만다. 그러나 자신이 돌보는 이들에게 헌신적인 사랑을 베풀 때, 우리의 사역은 과연 어떤 모습을 띠게 될까? 혹시 하나님이 지금 당신을 그런 사랑의 길로 이끌고 계시지는 않은가?

바로를 속인 여인들

출애굽기 앞부분에는 열두 명의 여인이 등장하는데, 그중 몇몇은 대담한 결단력과 기지를 발휘하여 바로를 속이고 모세의 생명을 보존했다. 그래서 이스라엘 백성을 향한 하나님의 계획들이 성취될 수 있었던 것이다.[34] 이에 관해, 셰릴 엑섬의 말을 들어 보라.

---

34 이 단락에서, 나는 주로 다음의 책에 실린 분석을 참조했다. Carol Meyers, *Exodus*, The New Cambridge Bible Commentary (Cambridge: Cambridge University Press, 2005).

"만약 모세가 없었다면, 출애굽의 이야기도 생겨나지 않았을 것이다. 그런데 이 여성들의 적극적인 헌신이 없었다면, 모세라는 사람이 아예 존재하지 못했을 것이 분명하다!"[35] 요피 시버트 호메스에 따르면, 이 열두 명의 여인은 이스라엘의 열두 지파를 상징한다(출 1:1; 다음에 살필 여인들의 수에 이드로의 딸들의 숫자를 더하면 열둘이 된다[출 2:16]).[36] 그 열두 지파가 애굽을 빠져나올 수 있었던 것은 하나님이 들어 쓰신 이 여인들의 담대한 헌신 덕분이었다.

십브라와 부아(출 1:15-22)

출애굽기에서 이름이 제일 먼저 언급되는 이들은 모세나 바로가 아니다(바로의 경우에는 실제 이름이 아예 나오지 않는다). 십브라와 부아라는 두 명의 히브리 산파 여인들이다. 일라나 파르데스에 따르면, 이들은 "출애굽기 1-2장에서 과감히 바로를 속여서 모세를 그 치명적인 칙령에서 구해 낸 여러 여인들" 중에서 제일 먼저 등

---

35 J. Cheryl Exum, "'You Shall Let Every Daughter Live': A Study of Exodus 1:8-2:10", in *A Feminist Companion to Exodus and Deuteronomy*, ed. Athalya Brenner, The Feminist Companion to the Bible 6 (Sheffield: Sheffield Academic, 1994), 52.

36 "But if She Be a Daughter ... She May Live!" in *A Feminist Companion to Exodus and Deuteronomy*, ed. Athalya Brenner, The Feminist Companion to the Bible 6 (Sheffield: Sheffield Academic, 1994), 63-65.

장하는 이들이다.[37] 바로는 이 여인들에게 모든 히브리인 남자 신생아들을 죽이라고 명령했다. 하지만 십브라와 부아는 "하나님을 두려워[했기에]", 그의 요구대로 행하지 않았다. 오히려 히브리 여인들의 우월성을 암시하면서, 다음과 같이 바로에게 미묘한 일침을 가했다. "히브리 여인은 애굽 여인과 같지 아니하고 건장하여 산파가 그들에게 이르기 전에 해산하였더이다"(출 1:19). 이것은 인류 역사에 기록된 최초의 시민 불복종 행위였으며, 하나님은 이 여인들의 신실함을 보시고 그들에게 복을 베푸셨다(출 1:21).[38]

요게벳(출 2:1-9; 6:20)

모세의 어머니 요게벳은 모든 히브리인 신생아를 나일강에 던져 버리라는 바로의 칙령을 '말 그대로' 이행함으로써 왕을 속였다. 모세가 태어난 후 석 달 동안, 요게벳은 아기를 집 안에다 은밀히 숨겼다. 하지만 그 일이 너무 위험해지자, 조심스럽게 준비한 갈대 상자 속에 모세를 담아서 나일강 위로 띄워 보냈다. 이에 그 상자를 발견한 바로의 딸은 모세의 누이의 권유에 따라 요게벳을

---

37 Ilana Pardes, "Zipporah and the Struggle for Deliverance", in *Countertraditions in the Bible: A Feminist Account* (Cambridge: Harvard University Press, 1992), 81.

38 David Daube, *Civil Disobedience in Antiquity* (Edinburgh: Edinburgh University Press), 5, 7.

모세의 유모로 삼았다.

요게벳이라는 이름은 곧 '여호와는 영광스러우시다'라는 뜻이다. 이것은 성경에 등장하는 사람들의 이름 중 하나님의 이름인 '여호와', 곧 '야'(yah)가 포함되어 있는 최초의 사례다. 하나님은 이후 이스라엘 백성에게 자신의 이름을 '여호와'로 계시하셨으며, 이는 그분의 인격적인 이름이다. 여기서 이 '여호와'라는 이름은 "[모세의] 모계 족보에 대대로 담겨 있었던 것으로 보인다. 어머니의 이름 속에 하나님의 이름이 들어 있었다면, 모세는 바로 그녀에게서 그분에 관한 신앙을 전해 받았을 것이다."[39]

미리암(출 2:1-10; 15장)

요게벳이 아기 모세를 나일강에 띄워 보낸 후에는 요셉의 누이가 그 모습을 계속 지켜보았다. 마침내 바로의 딸이 모세가 담긴 상자를 발견하자 누이가 공주에게 이렇게 제안한다. "내가 가서 당신을 위하여 히브리 여인 중에서 유모를 불러다가 이 아기에

---

[39] Carol Meyers, "Jochebed", in *Women in Scripture: A Dictionary of Named and Unnamed Women in the Bible, the Apocryphal/ Deuterocanonical Books, and the New Testament*, ed. Carol Meyers, Toni Craven, and Ross S. Kraemer (Boston: Houghton Mifflin, 2000), 103. 이 하나님의 이름은 불붙은 떨기나무에서 모세에게 계시되었다(출 3:13-14). 그런데 우리가 자세한 경로를 알 수는 없지만, 그 이름은 이스라엘 백성에게 이미 알려져 있었던 듯하다.

게 젖을 먹이게 하리이까?"(출 2:7) 그런 다음에 그녀는 자기 어머니를 데려왔고, 이를 통해 출애굽기 앞부분의 여인들이 드러낸 기지와 결단력을 다시금 보여 주었다. 파르데스는 본문의 사건들에는 "여성 구원자들이 강력한 바로를 누르고 승리하는 모습이 담겨 있다"[40]라고 설명한다.

출애굽기 앞부분에서는 누이의 이름이 언급되지 않지만, 그녀는 장차 이스라엘 백성의 중요한 지도자가 될 미리암이었을 가능성이 높다. 미리암은 모세와 아론과 함께 백성의 광야 여정을 인도했으며, 우리는 그녀가 지도자로서 수행했던 역할의 의미를 간과할 수 없다. 예를 들어, 미리암은 백성이 홍해를 무사히 건넌 뒤에 하나님을 향한 찬미의 노래를 불렀다(출 15:20-21). 그리고 그녀는 한 사람의 선지자로 소개된다(출 15:20). 흥미롭게도 미리암은 누군가의 어머니나 아내로 언급되지 않는데, 이는 성경에 등장하는 여인들을 소개하는 대부분의 설명과는 다른 형태다.[41]

---

40 Pardes, "Zipporah", 88.
41 Phyllis Trible, "Miriam I", in *Women in Scripture: A Dictionary of Named and Unnamed Women in the Bible, the Apocryphal/Deuterocanonical Books, and the New Testament*, ed. Carol Meyers, Toni Craven, and Ross S. Kraemer (Boston: Houghton Mifflin, 2000), 128.

바로의 딸(출 2:5-10)

우리가 예상치 못했던 또 한 사람의 영웅은 본문에 이름이 언급되지 않는 바로의 딸이다. 이 여인은 히브리인 아기를 보고 깊이 동정하여 자신의 역할을 감당했다. "그 아기를 보니 아기가 우는지라. 그가 그를 불쌍히 여겨…"(출 2:6) 바로의 딸은 모세가 (세 살 즈음에) 젖을 뗄 때까지 요게벳에게 그의 양육을 맡기고, 그런 다음에 모세를 입양했다. 이는 곧 "자기 아버지인 바로의 코앞에서" 이루어진 일이었다.[42] 그녀는 감히 그 왕의 뜻을 거슬러서 그렇게 행했던 것이다.

바로의 딸은 아기의 이름을 '모세'라고 지었다. "이는 내가 그를 물에서 건져 내었음이라"(출 2:10). '모세'라는 이름은 '건져 냄'을 뜻했는데, 이는 장차 하나님이 그를 통해 이스라엘 백성을 애굽의 압제와 홍해의 위기에서 건져 내실 것을 미리 보여 주는 것이기도 했다. 바로의 딸은 모세의 목숨을 건져 주었을 뿐 아니라 이스라엘 백성의 구출에도 어느 정도 원인을 제공하였다.

십보라(출 2:16-22; 4:24-26; 18:1-4)

모세가 성인이 된 후에 그의 목숨을 구해 준 영웅적인 여인이

---

42 Pardes, "Zipporah", 82.

다. 십보라는 미디안 땅의 제사장인 르우엘의 일곱 딸 중 하나였다(출 18:1에서 르우엘은 '이드로'라고 불린다). 일곱 딸이 우물가에서 양 떼에게 물을 먹일 때 어떤 목자들이 나타나 방해를 했는데 모세가 그녀들을 도와주었다. 이에 십보라의 아버지는 모세를 환대하고 사위로 삼았다(출 2:16-22). 모세와 십보라 사이에서 태어난 첫 아들의 이름은 '게르솜'이었고, '몰아내다/쫓아내다'를 의미했다. 이 이름은 우물가의 사건을 지칭하는 동시에, 장차 있을 이스라엘 백성의 출애굽을 미리 드러내 준다.

불타는 떨기나무에서 하나님을 만난 뒤, 모세는 가족들을 데리고 애굽으로 향한다. 그 여정 중에 있던 어느 날 밤, 주님이 돌연히 그를 죽이려고 하셨다. 이때 십보라는 곧장 돌칼을 가져다가 자기 아들의 포피를 베어서 모세의 발에 갖다 대었다. 그녀의 행동은 능숙하고 과감했다. 당시 십보라는 경험이 많은 제사장이었던 것으로 보이는데, 이는 그녀가 선뜻 돌칼을 사용한 것이나 그녀가 한 말들(출 4:25), 할례의 예식을 이미 알고 있었던 일 등을 통해 드러난다.[43] 사실 십보라는 모세와 마찬가지로 제사장 집안 출신이었으며, 고대 근동 지역에서 여성이 제사장의 역할을 감당하는 것은 흔한 일이었다. 이날 밤의 일을 통해, 그녀는 모세가 장차 바로

---

43 Meyers, *Exodus*, 63.

를 대면하고 이스라엘 백성을 인도해 가는 과정에서 갖추어야 할 성품들을 미리 보여 준 셈이다. 하나님을 향한 깊은 경외심과 신뢰, 그리고 담대한 결단력 등이 그것이다.

이때 하나님이 모세에게 행하신 일은 아마도 그분을 경외하는 마음으로 할례를 준수해야 함을 일깨우시는 일종의 충격 요법이었을 것이다. 이때 그 일을 준행함으로써 주님의 뜻을 받든 이는 모세가 아니라 미디안 여인인 십보라였다.

하나님이 이 여인들을 들어 쓰신 것은 모세라는 특정 개인만을 위한 일이 아니었다. 오히려 그분께는 이스라엘 백성 전체에게 깊은 뜻과 목적이 있었다. 다음 장에서 살펴볼 바와 같이, 광야란 그 백성이 하나님을 신뢰하는 법을 배워 가게 하시는 그분의 학교였다.

| 읽 어 볼 글 들 |

- 출애굽기 2장
- 출애굽기 4장 18-31절
- 출애굽기 6장 28-7장 13절

| 생 각 해 볼 질 문 |

01 모세의 생애를 살필 때, 당신은 리더십을 어떤 식으로 수행해야겠다는 자극을 받게 되는가?

_____

_____

02 하나님이 사용하신 여인들의 이야기에서, 특히 인상 깊게 다가오는 내용이 있는가?

_____

_____

03 우리는 인생의 온갖 고난과 실망 가운데 어떻게 한 사람의 지도자로 빚어지게 될까?

_____

_____

6장

광야에서 신뢰를 배우다

아무 데도 속하지 않는 것보다는 어딘가에 머무르는 편이 낫다.
- 플래너리 오코너(Flannery O'Connor)

삶의 뿌리를 잃은 우리

지금 서구권의 도시들에서는 삶의 뿌리를 잃고 정서적으로 방황하는 이들이 점점 더 늘어나고 있다. 과거에는 특정한 지역 안에서 정체성을 발견했다. 그 예로, 누군가를 언급할 때 그가 주로 거수하며 활동했던 지역과 연관 지었다. "히포의 아우구스티누스." 오늘날 많은 서구인은 진정한 소속감을 느낄 장소를 갈망하며, 마음의 고향을 향한 목마름에 시달린다. 현대의 비즈니스 세계에서는 이 년마다 직장을 옮기는 것이 일반적이며, 전에 각자의 지역 공동체에서 누렸던 안정감을 이제는 직업적인 경력에서 찾곤 한다. 이런 측면에서, 소셜 미디어는 별다른 도움이 되지 않는다. 그 매체는 날마다 우리의 관심을 수십 수백 곳의 낯선 장소들로 분산시키며, 우리가 실제로 거주하는 지역 공동체에 정착할 마음의 에너지를 오히려 빼앗아 가기 때문이다. 친밀한 인간관계가 현대 사회에서 사라지고 있으며, 도시 생활에는 치열한 경쟁이 가득하다. 이런 요인들로 인해, 우리가 어떤 지역에 속해 있다는 의식이 점점 희미해지고 있다. 그래서 신체적으로나 정신적인 측면에서, 우리 중 많은 이가 방랑자가 되어 버렸다. 많은 도시에서 정원 가꾸기가 성행하는 것이나 이른바 '신농업주의'(neo-agrarian) 운동 같은 것들은 이 사회적 흐름에 대한 일종의 반작용으로 보인다. 지금 우리 중 어떤 이들은 '자기 집 마당을 가꿈으로써 참된 고향에 돌아가려고' 애를 쓴다.

구약성경에 처음 나오는 다섯 책에서, 하나님의 백성은 정착할 곳을 계속 찾아다닌다. 하나님의 기초적인 계시들, 곧 그들에게 율법을 베푸시며 매일의 체험을 통해 그분이 모든 것을 공급하신다는 생생한 교훈을 주신 일 등은 모두 그들이 어딘가를 떠돌던 시기에 주어졌다. 그 백성은 정처 없이 헤매는 과정에서 방향 감각마저 잃어버렸지만, 그럼에도 그들이 머물던 광야는 하나님을 대면하는 장소가 되었다(어쩌면 이 대면은 방향 감각의 상실 덕분에 가능했는지도 모른다). 이 본문들을 읽다 보면 이런 생각이 든다. '혹시 하나님은 이렇게 광야에서 자기 백성과 소통하기를 바라시는 분이 아닐까?'[44] 이제 애굽에서 시내 산에 이르는 이스라엘 백성의 여정에 동행하면서, 우리가 방향 감각을 잃고 심한 고독과 불안에 시달릴 때 하나님이 어떻게 우리와 함께하시는지를 살펴보자.

광야의 고비에서 하나님을 신뢰하기(출 15:22-17:16)

백성이 홍해를 출발해서 시내 산에 이르기까지는 채 석 달도 걸리지 않았다. 하지만 이 짧은 기간에 백성은 여러 번 생명의 위기를 겪었다. 이처럼 삶의 벼랑 끝으로 내몰린 상황에서도, 그들은 하나님을 온전히 신뢰해야 했다.

애굽과 시내 산 사이의 광야에서, 그들은 절박한 필요 앞에 직면할 때마다 하나님을 신뢰하고 의지하도록 부름을 받았다. 이런 경험들을 통해, 여호와께 속한 백성이 되는 일의 의미를 조금씩 배워 나갔다. 이는 곧 세계의 중심에 풍성하고 인자하신 그분이 계심을 아는 일이었다. 여기서 잠시 우리가 겪었던 광야의 경험들을 생각해 보자.

---

[44] Walter Brueggemann, *The Land: Place as Gift, Promise and Challenge in Biblical Faith*, Overtures to Biblical Theology (Philadelphia: Fortress, 1977), 41. (『성경이 말하는 땅』, CLC)

1. 마라의 쓴 물(출 15:22-25)

광야로 들어선 지 며칠 후, 이스라엘 백성은 갈증 때문에 고통스러웠다. 그들이 얻을 수 있는 물은 탁하고 쓴맛이 나는 것뿐이었다(히브리어 '마라'는 '쓰다'라는 뜻이다). 백성이 불평하자, 모세가 하나님께 부르짖었다. 이에 그가 나뭇조각을 물속에 던지니 그 물이 달게 되었다.

2. 신 광야에서 굶주리다(출 16:1-36)

백성이 또 불평한다. "우리가 애굽 땅에서 고기 가마 곁에 앉아 있던 때와 떡을 배불리 먹던 때에 여호와의 손에 죽었더라면 좋았을 것을 너희가 이 광야로 우리를 인도해 내어 이 온 회중이 주려 죽게 하는도다"(출 16:3). 하나님은 그들을 위해 아침에는 만나를, 저녁에는 메추라기를 내려 주셨다. 이는 그들이 매일 먹기에 충분한 양이었다. 여섯째 날에는 이틀 치의 양식이 공급되었으니, 그다음 날이 안식일이었기 때문이다. 하지만 일부 백성은 주님을 온전히 신뢰하지 못하여 일곱째 날에도 양식을 거두러 나갔다.

3. 맛사와 므리바에서의 갈증(출 17:1-7)

맛사 또는 므리바에서는 백성의 불평이 심한 적개심으로 변했기에 모세는 생명의 위협까지 느꼈다. 그가 하나님의 지시대로 바위를 치자 물이 솟구쳐 나왔다.

4. 아말렉과의 전쟁(출 17:8-16)
한 유목 민족이 이스라엘 백성을 공격해 왔다. 백성은 처음으로 자신들을 방어하기 위한 전투를 벌여야 했다. 모세가 "하나님의 지팡이"를 높이 들고 있는 동안에는 그 전투가 계속 우세했다.

광야와 하나님의 임재

광야에서 이스라엘 백성은 하나님만을 의지하고 신뢰해야 했다. 그곳에서는 날마다 하루분의 식량으로 삼기에 충분한 만나와 메추라기가 주어졌지만, 그 이상으로 공급되지는 않았다. 그렇기에 백성은 매일 새롭게 그분의 은혜를 찾고 구해야 했다. 그 후 모든 세대에 걸친 하나님의 백성도 마찬가지였다. 삶이 순조롭게 흘러갈 때, 우리는 주님께 의지할 필요성을 잘 느끼지 못한다. 나는 누군가가 이렇게 말하는 것을 들어 본 적이 없다. "모든 일이 쉽게 잘 풀렸던 해에, 나는 정말로 하나님을 신뢰하게 되었습니다!" 아니다. 주님은 광야에서 우리를 만나 주신다. 나는 이십대 후반에 만성 피로를 겪으면서 이 년간 침대에 누워서 지냈는데, 그때가 내 인생의 매우 중요한 시기 중 하나였다. 하나님이 내 삶의 발걸음을 멈추게 하시고 무언가를 성취할 능력들을 거두어 가셨을 때, 나는 더욱 겸손해지며 간절히 그분께 의지하게 되었다. 그때 나는 삶의 속도를 늦추고 다른 이들의 고통에 귀 기울이는 법을 배웠다. 월터 브루그만은 삶의 광야에 임재하시는 하나님을 이렇게 묵상한다. "광야는 그저 그분이 없이 걸어가는 숨 막히는 순간들일 뿐일까? 혹시 하나님은 그분 자신의 성품 때문에 바로 그곳에서 우리와 대면하기를 바라시는 것이 아닐까?"[45] 주님은 그 인생의 광야에서 우리를 만나 주신다.

하지만 이같이 어두운 시기에는 주님이 우리를 돌보신다는 것을 믿기가 참으로 어렵다. 우리가 고난받을 때 하나님께 의지하는 것은 그저 당연한 일이 아니다. 그리고 나는 그분을 잘 신뢰하지 못할 때, 마음속에서 또 다른 현상이 나타나는 것을 발견했다. 이는 점점 더 **소망하는 법**을 잊어 가게 된다는 것이다. 이스라엘 백성이 어두운 시기에 하나님을 원망하고 불평했던 이유는 그들과 온 세상을 향한 그분의 더 큰 계획들을 바라보지 못했기 때문이다. 그들은 출애굽의 이적을 행하신 하나님이 더는 아무 계획도 갖고 계시지 않다고 여기는 잘못을 범했다. 마치 그분이 자신들

---

45 Brueggemann, *The Land*, 41.

을 애굽의 종살이에서 해방하신 뒤에 짐을 싸서 집으로 돌아가 버리신 듯이 생각했던 것이다. 하지만 출애굽은 사실 하나의 시작에 불과했다. 백성을 구원하심으로써, 주님은 온 세상 역사의 새로운 장을 열고 계셨던 것이다. 이를 통해, 그분은 이스라엘 백성뿐 아니라 세상 모든 민족을 이 창조 세계를 회복하려는 자신의 선하신 뜻에 동참시키려 하셨다. 우리가 믿는 기독교 신앙은 바로 이 소망에 관한 메시지다. 앨리사 윌킨슨은 자신의 글에서 그 소망의 중요성을 다시금 일깨운다.

지난 8월에 파울라 허스턴(Paula Huston)과 미덕에 관해 대화했을 때, 그녀는 그 후로 내 마음속에 불현듯 떠오르곤 하는 한 이야기를 들려주었다. 예전에 파울라는 주위 사람 때문에 겪는 고충을 한 수도사에게 털어놓은 적이 있었다. 그 사람은 자기 일들을 올바른 방식으로 처리하지 않았기에 파울라는 점점 더 인내심을 잃고 있었다. 그것이 아주 큰 문제는 아니었지만, 그녀를 깊은 좌절감에 빠뜨리기에는 충분할 정도의 사안이었다. 그녀의 말을 듣고, 수도사는 이렇게 답했다고 한다. "선생님은 소망을 간직하실 필요가 있겠군요." 그녀는 '인내심을 키워야 한다'는 식의 충고를 듣게 될 줄 알았는데 그런 내용이 아니라서 상당히 놀랐다고 했다. 그런데 왜 소망이 필요했을까? 당시 파울라가 인내심을 잃어 가던 일은 그녀가 변화의 소망을 포기했음을 드러내는 하나의 징표였기 때문이다. 이는 곧 하나님이 그분의 말씀대로 행하시리라는 믿음을 잃어버렸음을 보여 주는 것이었다. 생각해 보면, 이는 매우 위험한 삶의 태도다. 하지만 우리 중 대부분은 날마다 이런 마음의 습관에 빠진 채로 살아가고 있다.[46]

우리 삶에서 힘든 시기를 만날 때, 하나님을 향한 신뢰를 회복하는 한 가지 좋은 방법은 먼저 소망을 되찾는 것이다. 이때 우리는 출애굽기를 다시 읽어 나가면서 세상이 우리 아버지의 것임을 되새길 수 있다. 비록 세상이 인간의 죄로 깨어지고 타락했을지라도, 그곳은 여전히 우리 하나님의 소유다. 그분은 지금도 그리스도 안에서 이 창조 세계를 향한 자신의 거룩한 목적들을 이루어 가고 계신다.

땅의 추구: 정착을 향한 부르심

브루그만은 그의 방대한 연구서인 *The Land: Place as Gift, Promise and Challenge in Biblical Faith*(성경이 말하는 땅: 선물, 약속, 도전의 장소)에서, 하나님 백성이 광야를 지나 약속의 땅에 이른 뒤 그곳에서 추방되었다가 마침내 새로워진 창조 세계로 나아가는 긴 여정을 추적한다. "성경의 신앙은 역사적인 정착지를 추

---

46 Alissa Wilkinson, "Advent Hope", Convivium, http://www.cardus.ca/blog/2011/11/advent-hope/.

구하는 하나의 긴 여정과도 같다. 그 과정에서, 하나님 백성만의 독특한 운명 의식이 생겨난다."[47] 백성이 계속 광야를 헤매며 다닌 것은 마침내 약속의 땅에 들어가서 풍성한 삶을 누릴 때를 고대했기 때문이다. 그리고 예수님도 특정한 지역들에 머물기를 기뻐하셨다. 물론 주님은 여러 곳을 순회하면서 말씀을 선포하셨기에, "머리 둘 곳이 없[는]" 분이셨다(마 8:20). 하지만 이와 동시에, 주로 갈릴리 호수 북쪽의 몇몇 마을에서 사역하신 것 역시 사실이다. 예수님은 갈릴리 지역의 여러 동네와 계단식 농경지, 얕은 물이 흐르는 개울과 끝없이 펼쳐진 언덕들 사이를 거닐면서 기도하고 병자들을 치유하셨으며, 하나님 나라의 복음을 선포하고 제자들을 훈련시키며 죽은 자를 일으키는 등의 일들을 행하셨다. 그분이 늘 밟고 다니셨던 것도, 그분의 머릿결에 늘 묻어 있던 것도 바로 이 지역의 흙이었다. 이처럼 구체적인 지역에서 선교 사역을 수행하는 일의 중요성은 사도 바울의 서신에 담긴 다음의 구절들에서도 잘 드러난다. "에베소에 있는 성도들 … 에게 편지하노니"(엡 1:1), "빌립보에 사는 모든 성도 … 에게 편지하노니"(빌 1:1). 이 구절들의 의미는 이렇게 표현할 수 있을 것이다. "하나님의 사랑을 받고 바로 이곳에서 그리스도의 증인으로 부름을 받은 이들

---

47 Brueggemann, *Land*, 3.

에게."

　교회는 새로워진 창조 세계에서 하나님이 자신의 모든 백성에게 장차 베풀어 주실 정착과 안식을 미리 드러내도록 부름을 받았다. 공동체와 장소의 중요성을 외면하는 현대의 문화 속에서, 교회는 특정 지역에 애정을 품고 그 주민들과 거리와 공원 등을 꾸준히 돌보는 일이 어떤 것인지를 구체적으로 보여 줄 수 있다. 물론 어떤 이들은 (주님도 그리하셨듯이) 복음을 전하기 위해 여러 곳을 순회하며 사역하는 삶으로 부름을 받았다. 하지만 각 지역 교회가 이웃 환경과 사람들에게 진실로 관심을 쏟을 때, 얼마나 큰 영향을 미치게 되겠는가! 지금 많은 현대인은 교회를 주위의 문화와 별로 관계가 없는 곳으로 바라보곤 한다. 그러나 우리가 속한 지역을 섬기는 일에 헌신할 때, 이웃에게 유익을 끼치는 복된 공동체라는 평판을 얻는 동시에 예수님의 사랑을 생생히 드러내게 될 것이다. 우리는 주변의 세상에서 한 걸음 물러서기보다는 그 일들에 적극 관여하는 자세로 복음의 진리를 증언해야 한다. 그저 입술의 말뿐 아니라 깊은 긍휼과 적극적인 개입으로 주님의 모습을 그들 앞에 보여 주려는 노력이 필요하다. 이런 측면에서, 내가 섬기는 교회에는 다음과 같이 아름다운 비전 선언문이 있다(이 문구는 내가 이 교회에 오기 전에 작성된 것이다):

우리의 사명은 그리스도 안에서 하나님이 베푸시는 깊은 환대를 함께 누리고 나누며, 그럼으로써 우리 자신과 이웃 사람들의 변화된 삶을 이끌어 내는 데 있다.

물론 환대를 이웃과 나누는 데에는 여러 방법이 있다. 여기서는 그중 한 가지에 초점을 맞추려 한다. 우리가 속한 예배 공동체 안에 지역 주민들의 다양한 특성을 적절히 반영하는 일이다. 내가 섬기는 교회의 경우, (예배의 주된 언어는 영어이지만) 다양한 언어로 된 찬송들을 부름으로써 회중의 인종적인 다양성을 키워 나가고 있다. 또 가난한 이들과 부자들이 공존하는 이 지역의 사회 경제적 다양성도 적절히 반영하려고 노력한다. 그래서 각 성도의 가정에서 모여 식사를 나누는 일을 매우 중시한다. 우리 가정의 경우, 여러 중독자나 노숙자들과 가깝게 교류하며 지내고 있다. 이들과 '가족'이 되는 것은 큰 기쁨이며, 이를 통해 우리는 다양한 복을 누렸다. 그리스도께서도 (명예를 추구하던 1세기의 사고방식에 따르면) '그릇된' 위치에 있던 이들과 식사하지 않으셨던가? 그것이 바로 주님의 길이며, 출애굽기에서도 드러나는 하나님 백성다운 삶의 방식이지 않을까?

이 장에서는 인생의 광야를 지날 때 그리스도께서 우리를 어떻게 만나 주시는지를 살펴보았다. 그리고 교회가 사역을 감당할 때, 그 공동체가 속한 특정 지역에 애착을 품고 그곳의 삶에 헌신하는 일이 얼마나 중요한지도 다루어 보았다. 그런데 우리에게 진정한 생명과 기쁨의 근원이 되는 것은 바로 좋을 때나 궂을 때나 늘 우리와 함께하시는 하나님의 임재 그 자체다. 다음 장에서는 성막을 통해 표현되고 매개되었던 하나님의 임재를 숙고해 보려 한다.

| 읽어 볼 글들 |

- 출애굽기 16장
- 시편 121편
- 누가복음 7장 36-50절

| 생각해 볼 질문 |

01 삶에서 고난을 통해 특별한 방식으로 하나님을 대면했던 시기가 있었는가? 그때 당신의 신앙은 어떤 식으로 성숙하게 되었는가?

_____

_____

02 당신이 속한 지역 사회의 절박한 필요는 무엇인가? 예수님은 그 주민들의 삶을 보면서 어떤 부분을 안타깝게 여기실까?

_____

_____

03 하나님은 당신의 예배 공동체가 주변 지역을 어떤 방식으로 사랑하고 돌보기를 바라시겠는가?

_____

_____

7장

성막: 자기 백성 중에 거하시는 하나님

솔직히, 출애굽기의 삼분의 일 정도가 성막 건축의 지침과 그 실제 과정을 서술하는 데 할애되어 있음을 아는 이가 얼마나 될까?(출 25-31장; 35-40장)[48] 그리고 그중에서도, 거기서 묘사되는 각종 휘장과 향료, 기둥에 관한 내용을 상세히 읽어 본 이들은 몇이나 될까? 하지만 출애굽기에서 이 주제를 다루는 분량의 정도만 놓고 보더라도, 성막은 매우 큰 중요성을 지닌다.

이스라엘의 성막은 주님이 백성 중에 거하시는 처소였다. '성막'(히브리어로는 '미슈칸'[mishkan])이라는 단어는 '거하다'를 뜻하

---

48 이 장의 내용을 다루면서, 나는 특히 다음의 주석을 참조했다. Terence E. Fretheim, *Exodus*, Interpretation (Louisville: John Knox, 1991), 263-78. (『출애굽기』, 한국장로교출판사)

는 히브리어 동사 '샤칸'(skn)과 연관된다. 주님은 이렇게 말씀하셨다. "내가 그들 중에 거할 성소를 그들이 나를 위하여 짓되"(출 25:8). 이제 하나님은 더 이상 멀리 떨어진 산 위에서만 가끔씩 백성 앞에 나타나려 하지 않으셨다. 오히려 공동체의 한가운데서, 약속의 땅으로 가는 길에서 백성이 겪을 온갖 혼란과 역경을 백성과 함께하기를 원하셨다. 이 본문의 주된 요점은 여호와 하나님이 **성막 안에** 머무시리라는 것이 아니었다. 그분이 성막을 통해 **그 백성 중에** 거하시리라는 데 있었다.

> ### 고대 세계에서 성전과 제사
> 지금 우리에게 교회당은 함께 모여 예배를 드리는 곳이지만, 고대 근동에서 성전은 신들을 달래고 구슬리는 장소였다. 이스라엘의 이웃 국가들은 신전에 안치된 조각상 가운데 그 신들이 거한다고 믿었으며, 그곳의 제사장들은 매일 세 번의 제사를 드려서 신들의 먹을거리를 공급했다. 그리고 자신들이 직무를 적절히 잘 수행하면, 그 신들이 나라에 복을 주고 지켜줄 것이라고 믿었다. 하지만 이스라엘 백성의 하나님은 이 신들과 달랐다. 이스라엘에서도 제사는 신-인 관계의 중요한 부분이었지만, 그분은 음식을 공급받으실 필요가 없었다. 그럼에도 하나님은 백성의 공동체 한가운데 좌정하셨는데, 이는 백성을 그분의 은혜로써 인도하고 복 주시기 위함이었다.

요한복음 저자는 성막의 이미지를 대입하여 예수님이 성육신하신 사건의 중요성을 설명한다. "말씀이 육신이 되어 우리 가운데 거하시매[장막을 치시매] 우리가 그의 영광을 보니"(요 1:14). 하나님은 그리스도 안에서 온 인류 사회의 한가운데 장막을 치고 임하셨다. 우리의 모든 기쁨과 슬픔, 온갖 깨어짐과 아픔 속에 함께하시기 위함이었다.

출애굽기에 성막이 두 번 묘사되는 이유는 무엇일까?

출애굽기 후반부에서, 눈에 띄는 점은 성막에 관한 서술이 두 번 반복된다는 것이다. 이 부분은 읽을 때 약간 피곤할 수도 있다. 마치 26-31장에서 접하게 되는 엄청난 양의 세부 묘사로는 충분하지 않다는 듯이, 출애굽기 저자는 35-40장에서 그 대부분의 내용을 다시 언급한다! 하지만 이 반복에는 깊고 아름다운 의미가 담겨 있으며, 이를 파악할 핵심 열쇠는 이 두 부분 사이에 놓인 금송아지 사건(출 32-34장)에서 찾을 수 있다. 기본적으로, 출애굽기 26-40장은 다음의 세 부분으로 구성된다. 첫째, 26-31장에서 하나님은 모세에게 상세한 성막 건축의 지침들을 내려 주신다. 둘째, 32-34장에서는 하나님이 그 계획들을 보여 주시는 동안에, 백성이 금송아지를 만들어 그것에게 경배하며 잔치를 벌인다. 셋째, 35-40장에서는 성막에 관한 서술이 반복되며, 백성이 하나님의 명령을 받들어 성막을 실제로 만드는 과정을 자세히 소개한다(이 일은 그분의 영광이 마침내 완성된 성막을 가득 채우면서 절정에 이른다).

본문들의 순서에는 하나의 암시적인 약속이 담겨 있다. 백성이 우상을 숭배했음에도 불구하고, 하나님이 여전히 그들의 한가운데 거하시면서 그들을 보호하고 여정에 복을 베푸신다는 것이다. 금송아지 사건 후에 이어지는 성막 건축 묘사는 마치 그 백성을 상대로 세우신 일종의 새 언약을 보여 주는 것과 같다. 우상 숭배 후, 하나님은 성막을 통해 그들 가운데 거하시는 자신의 임재를 풍성히 드러내셨다. 성막은 임재를 실로 구체적이고 가시적이며 아름다운 방식으로 나타내는 하나의 상징이었다. 그리고 이 이동식 건물은 자기 백성을 향한 하나님의 언약적 헌신을 확증해 주는 것이기도 했다. 주님의 이 헌신은 그저 출애굽 당시의 이스라엘 백성만을 위한 것이 아니라, 오고 오는 세대의 모든 예배 공동체를 위한 것이었다. 백성의 금송아지 사건 이후, 하나님은 그들이 그분의 임재 없이 약속의 땅으로 나아가야 한다고 선언하셨다(출 33:5). 하지만 모세가 나아와 간청했을 때, 하나님은 그 뜻을 돌이키고 다음과 같이 자신의 신적인 본성을 선포하셨다.

"여호와라, 여호와라. 자비롭고 은혜롭고 노하기를 더디하고 인자와 진실이 많은 하나님이라. 인자를 천대까지 베풀며 악과 과실과 죄를 용서하리라. 그러나 벌을 면제하지는 아니하고 아버지의 악행을 자손 삼사 대까지 보응하리라"(출 34:6-7).

여기에 삶의 깊은 어둠 속에서도 여전히 신뢰할 수 있는 하나님이 계신다. 그분은 우리를 늘 사랑하시며, 그 사랑은 우리가 시험에 들어 넘어지거나 도저히 이해할 수 없는 상황에 처할 때도 변함이 없다. 세상이 나를 괴롭히거나 내 어리석음이 낳은 결과들에 시달릴 때도, 하나님은 곁에 계신다. 그리고 여전히 그분의 백성이며 자녀라고 속삭여 주신다. 싱어송라이터인 레너드 코헨은 삶의 힘겨운 시기를 보낼 때 소망이 담긴 노랫말을 썼다.

나는 길을 잃은 채로 당신께 나아갑니다.
더럽혀진 마음을 당신 앞에 올려 드립니다.
낭비해 버린 삶의 날들도 당신께 바칩니다.
…
내 삶의 벽은 온갖 오물로 얼룩져 있지만,
작은 빛의 틈바구니로 나아갑니다. …
패배로 가득한 내 삶 속에서 그 길이 열림을 봅니다.
이제 내 의지를 내려놓고 당신을 경외하며,
당신의 자비를 굳게 붙듭니다.
이 삶의 순간 속에 찾아오신 당신은 실로 복됩니다.
당신의 임재로 악한 나를 비추시는 당신은 실로 복됩니다.
이 깊은 어둠의 사슬에서 나를 풀어 주시는 당신은 실로 복됩니다.
세상 모든 곳에서 나를 기다려 주시는 당신은 실로 복됩니다.

복되신 당신의 이름이 온 땅에 가득 넘칩니다.[49]

혼돈과 시련 가운데서 우리와 동행하시는 하나님

시내 산의 천둥 번개와 연기가 하나님의 비할 데 없는 권능을 드러냈다면, 성막은 그 하나님이 산에서 내려오셔서 혼돈에 찬 이스라엘 백성의 여정 중에 함께하실 것임을 보여 준다. 한편으로, 시내 산의 이미지는 백성이 하나님을 경외하며 그 말씀에 순종할 것을 요구했다. 그리고 다른 한편으로, 성막의 이미지는 백성으로 하여금 주님이 함께하심을 알고 용기를 내며 그분을 신뢰하면서 안식을 누리게끔 인도하는 것이었다. 그렇기에 백성은 하나님의 성품이 지닌 이 두 가지 측면을 모두 소중히 여겨야 했다. 하나님이 고대 애굽 제국의 막강한 국력을 물리치고 노예를 해방하시며, 모든 이가 번성하는 하나의 새 공동체를 이룩하실 수 있었던 것은 그분의 크신 권능과 위엄 덕분이었다. 그리고 놀라운 점은 바로 그 하나님이 공동체 안에 인격적으로 친밀하게 거하신다는 데 있었다.

성막은 공동체의 한가운데 자리 잡고 있었고, 이스라엘 백성의 각 지파는 그 이동식 성소 주위에 네모꼴의 형태로 배치되었다

---

49 Leonard Cohen, *Book of Mercy* (Toronto: McClelland and Stewart, 1984), 45.

(민 2장). 이 아름다운 성소는 하나님의 거룩한 임재를 드러내 주었다. 백성은 일련의 규칙적인 예식을 하면서, 보고 들으며 냄새를 맡고 만질 수 있는 방식으로 그분을 대면했다. 이를 통해, 하나님은 백성의 여정을 향한 자신의 헌신을 보여 주셨다. 그분은 그들과 끝까지 동행해 주실 것이었다(출 33:12-17). 이제 하나님은 더 이상 멀리 떨어진 산 위에 머무르시지 않고, 그들의 한가운데 거하셨다. 그분은 공동체의 버팀목이자 중심축이며 참된 원천이신 동시에 모든 일을 하나로 엮으시는 주관자가 되셨다. 하나님은 백성의 여정이 갈등과 실수로 가득하리라는 점을 알고 계셨다. 우상숭배와 권력 다툼에 빠질 것이며(민 16-17장), 그들의 불신 때문에 약속의 땅에 입성하는 일이 한 세대 뒤로 미루어지게 될 것이었다(신 1장). 하지만 하나님은 기꺼이 함께하셨다. 자신의 거룩한 이름을 그들 위에 두셨으며(출 20:7), 그들을 "내 백성"으로 부르셨다(이 표현은 출애굽기 전체에서 스물다섯 번 정도 등장하며, 그 예로는 3:7을 보라). 하나님은 그들이 풍요로울 때나 궁핍할 때나 늘 의지하며 신뢰할 분이셨다. 그분은 그 백성이 천둥 번개를 두려워하지 않게 하셨으며, 홍해의 심판도 피해 갈 수 있도록 돌보셨다. 이는 마치 하나님이 소매를 걷어붙이면서 이렇게 말씀하시는 것과 같았다. "이제 너희의 새 공동체를 함께 건설하러 가자. 내가 늘 곁에 있겠다." 그분은 당시의 이스라엘 백성뿐 아니라 오늘날 우리의 공동

체들까지도 위로하고 격려하신다. "너희는 가만히 있어 내가 하나님 됨을 알지어다. 내가 뭇 나라 중에서 높임을 받으리라. 내가 세계 중에서 높임을 받으리라"(시 46:10).

온갖 세부 사항들은 무엇을 뜻하는가?

출애굽기에 언급되는 성막 건축의 지침들은(출 25-40장) 세부적인 측면에서 끝이 없어 보인다. 아마 당신은 성막 뜰을 둘러싸고 있던 열 개의 휘장이나 그 구체적인 치수, 푸른색 재료로 만들어진 그것들의 고리나 휘장들을 한데 고정하는 데 쓰인 쉰 개의 금갈고리에 관한 설교를 거의 들어보지 못했을 것이다. 이제 자리에 앉아서 출애굽기의 이 부분을 끝까지 읽어 보라(또는 간단히 훑어 보아도 좋다). 그리고 이 질문을 숙고해 보기 바란다. "이 모든 세부 사항의 의미는 무엇일까?"

첫째, 이 사항들의 가장 중요한 주제는 오직 하나님만이 우리가 그분께 예배드릴 방식을 결정하신다는 것이다. "무릇 내가 네게 보이는 모양대로 장막을 짓고 기구들도 그 모양을 따라 지을지니라"(출 25:9). 하나님이 내리신 어떤 지시도 간과해서는 안 되었다. 주님 앞에 합당한 예배를 드리기 위해서는 성막의 구조물 하나하나에 세밀히 주의를 쏟아야 했다. 그 뒷부분에서는 성막의 실제 건축 과정이 서술되며, 여기서는 백성이 지침의 세부 사항들을 모두 정확히 지켰음을 강조하고 있다(출 34-40장). 우리가 그분께 어떻게 다가갈지를 결정하실 분은 오직 하나님뿐이시다. 이는 그분만이 홀로 만물을 창조하고 유지하며 다스리시는 왕이시기 때문이다. 이 유일하고 참되신 하나님께 경배할 때, 우리는 곧 그분의 보좌 앞에 나아가는 셈이 된다.

둘째, 이 성소는 엄밀히 주님의 명령대로 지어졌기에, 백성이 다른 신들에게 경배할 여지를 거의 남겨 두지 않았다. 테런스 프렛하임의 말을 들어 보라. "이처럼 주의 깊게 관리되는 예배 환경 속으로는 우상 숭배가 끼어들 틈이 거의 없었을 것이다."[50]

셋째, 성막은 이스라엘의 하나님 여호와의 거룩하심을 가시적으로 드러내는 의식적 관습들을 통해 시간과 공간에 참된 질서를 부여했다. 하나님의 명령을 좇아 그 신성한 장소에서 거행되는 여러 예식은 그분의 신비한 은혜와 능력을 생생히 보여 주었다. 예를 들어, 성소에는 분향단이 마련되어 있었다. 대제사장은 금으로 덮인 이 작은 제단에 아침마다 나아와 향을 살랐으며, 저녁에는 등불을 켰다(출 30:1-10). 하나님은 이 제단에서 쓰일 향의 성격을 세세히 지정해 주셨으며, 향을 다른 용도로 사용하는 일은 엄격히 금지되었다(출 30:34-38). 아마도 이 제단에서 피어오르는 연기는

---

50 Fretheim, *Exodus*, 267.

하나님이 백성 중에 임하심을 나타내는 하나의 상징이었을 것이다(출 13:21을 보라).[51] 그리고 이 고대의 예식들은 현대적인 맥락에서 살아가는 우리에게도 많은 것을 가르쳐 준다.

예전에는 서구권의 많은 도시가 명목상 기독교적인 색채를 띠었다. 하지만 이제는 대부분 탈기독교적인 곳이 되었다. 이런 변화는 캐나다와 유럽, 호주 등지에서 뚜렷이 드러났으며, 미국도 점점 그런 추세 아래 있다. 지금 내가 거주하는 캐나다의 밴쿠버에서는 다양한 전통 종교들을 대면하게 된다. 이에 반해, 기독교는 식민주의와 사회적 불의에 연루된 종교로 취급되곤 한다. 그 결과, 그리스도와 동행하는 우리의 여정은 많은 이가 보기에 상당히 의심스러운 측면을 가지고 있다. 이런 다원주의적 맥락에서는 예수 그리스도가 참된 주님이심을 믿고 따르기가 쉽지 않다. 하지만 이 상황 속에서도, 성막에 관한 출애굽기의 본문들은 우리가 그리스도를 향한 믿음 안에서 자라 갈 수 있게 적절한 지침들을 제공한다.

의식들과 관습들은 우리에게 믿음이 잘 와닿지 않을 때도 이 세상에서 하나님의 이야기로 나아갈 수 있는 길을 열어 준다. '의식과 관습'은 우리가 특정한 이야기에 거하면서 살아가도록 인도해

---

51 Nahum M. Sarna, *Exodus* (Philadelphia: Jewish Publication Society, 1991), 193. (『출애굽기 탐구』, 솔로몬)

주는 반복적인 활동들을 지칭한다. 주님이 주신 그 활동들에 참여할 때, 그리스도께서 우리로 그분 자신을 알아 가게 하신다. 이 활동에는 성찬과 세례, 기도와 공동 식사, 소유를 나누는 일, 다양한 지체가 함께 예배하며 어울려서 살아가는 일, 정의를 실천하고 추구하며 말씀으로 양육받는 일 등이 포함된다(특히 행 2:42-47을 보라). 그리스도께서 지정해 주신 이 공동체의 리듬과 관행들은 탈기독교적인 맥락에서 우리의 신앙을 키워 가기 위한 핵심 열쇠와도 같다. 깊은 의심의 시기에, 이 일들을 통해 우리의 믿음을 간직할 수 있기 때문이다.

창조와 선교

출애굽기 본문에서 성막은 세상의 창조를 떠올리게 하는 방식으로 묘사된다. 창조의 관점에서는 온 우주가 하나님의 거처다(사 66:1). 그리고 이스라엘 백성의 공동체 안에서는 성막이 그분의 거처였다. 이 세상이 창조될 때와 마찬가지로, 성막 역시 하나님의 명령에 대한 응답으로 건축되었다. 그 세부 사항들은 일곱 개의 단락에 걸쳐 묘사되는데, 이는 세상의 창조를 다룬 창세기 1장의 서술 방식과 같다.[52] 그리고 성소의 내부 또한 창조 세계의 축소

---

52 출애굽기 25-31장에는 "여호와께서 모세에게 말씀하여 이르시되"로 시작하는 일곱 개의 말씀이 실려 있다.

모형으로 설계된 듯이 보인다. 예를 들어, 푸른색과 자주색, 주홍색 빛을 띤 성막의 벽들은 하늘의 색깔을 나타냈고, 등불의 모양은 별들의 형태와 유사했다.[53]

성막이 이처럼 온 세상에 대한 일종의 축소판으로 제시되는 이유는 무엇일까? 이는 하나님이 백성을 부르시고 속량하며 율법을 베푸시는 일들을 통해, 세상 전체를 새롭게 하고 계심을 보여 준다. 성경 이야기에 따르면, 하나님이 세상을 선하게 창조하신 뒤에 인류가 그분을 거슬러 반역했다(창 3장). 이 반역은 모든 일이 어긋나게 만드는 결과를 가져왔다. 이제 인간의 죄가 그분의 선한 창조 세계로 깊이 퍼져 나가게 되었던 것이다. 하지만 하나님은 세상과 인류를 죄로 인한 저주와 파멸 가운데 내버려 두지 않으셨다. 어떤 의미에서, 하나님이 이스라엘 백성을 부르신 일 중에는 이 특정한 민족을 통해 다시금 온 세상을 회복시켜 가시려는 의도가 남겨 있었다. 하나님은 백성에게 복을 베푸시고, 그들이 온 인류를 향해 참된 인간성을 드러내는 방식으로 살도록 부르셨다. 그 백성 안에서, 그분은 세상을 살리는 일을 새롭게 시작하고 계셨던 것이다. 이스라엘은 악에 예속된 세상으로 침투해 오는 하나님 나라의 전초 기지였다. 그러므로 본문에서 성막이 창조의 관점에서

---

53 Gregory K. Beale, "Eden, the Temple, and the Church's Mission in the New Creation", *JETS* 48 (2005), 16.

묘사되는 일에 담긴 의미는 이러하다. "지금 온 세상이 새롭게 되고 있다."

성막은 당시 이스라엘 백성의 정체성을 드러낼 뿐 아니라, 지금 우리가 속한 그리스도의 교회가 어떤 곳인지를 보여 준다. 지난 여러 해 동안, 나는 선교학자 데이비드 J. 보쉬의 말을 즐겨 인용해 왔다. "이 세상에서 교회의 주된 사명은 새로운 피조물답게 존재하는 데 있다."[54] 주위 사람들이 우리 삶의 모습을 보면서 이렇게 찬탄할 수 있게끔 살아가야 한다는 것이다. "오, **저것이** 바로 참된 삶이야! **저것이** 곧 하나님이 세상에서 행하고 계신 일들의 모습이야!" 교회 공동체는 복음으로 변화된 삶을 살아가며, 이를 통해 그리스도 안에서 온 세상을 회복시키시는 하나님의 통치를 생생히 드러내야 한다. 우리가 함께 하나님께 예배하고 기도하는 삶을 살아가면서 평화와 진리, 정의를 추구하고 서로 우애를 나눌 때, 이웃은 우리의 모습 속에서 진정한 인간 됨을 보게 될 것이다. 이 얼마나 놀라운 부르심인가!

이 복된 소식을 기억하면서 결코 절망하지 말자! 온 세상은 우리 아버지께 속했다. 비록 세상이 인간의 죄로 깨어지고 타락했을

---

54 David J. Bosch, *Transforming Mission: Paradigm Shifts in Theology of Mission* (Maryknoll, NY: Orbis Books, 1991), 168. (『변화하고 있는 선교』, CLC)

지라도, 그곳은 여전히 그분의 소유다. 그리스도 안에서, 하나님은 지금도 창조 세계를 향한 자신의 원래 목적들을 이루어 가고 계신다. "이는 만물이 주에게서 나오고 주로 말미암고 주에게로 돌아감이라. 그에게 영광이 세세에 있을지어다. 아멘"(롬 11:36).

하나님의 심판이라는 어려운 주제는 이 책에서 아직 다루어 보지 않은 그분의 성품과 행하심의 한 측면이다. 우리 중 많은 이가 그 주제를 상당히 불편하게 여긴다. 다음 장에서는 출애굽기에서 드러나는 그분의 심판을 탐구해 보자.

| 읽 어 볼 글 들 |

- 출애굽기 26장
- 출애굽기 34장
- 출애굽기 40장 34-38절

| 실 천 해 볼 활 동 |

01 당신이 거주하는 마을과 도시, 지역의 지도를 종이에 그려 보라. 고속도로와 작은 도로 등도 표시하라.

---

02 거기에 당신이 속한 예배 공동체의 장소를 추가하고, 당신의 거주지도 표시해 보라. 그리고 복음을 위해 협력하는 일부 지인들의 거주지도 표시하라.

---

03 당신이 지역사회에서 방문하는 일부 장소들을 추가해 보라(직장 또는 학교, 자원봉사 활동지, 정의가 실천되거나 불의가 자행되는 장소 등).

---

04 하나님의 백성이 그리스도 안에 있는 하나님의 통치를 생생히 드러내면서 살아가는 곳에 작은 성막의 표시를 그려 보라.

---

05 이 지도를 자극제로 삼아서 진지하게 기도해 보라.

8장

심판

출애굽기에는 하나님이 심판하시는 내용이 나온다. 모세와 하신 그분의 약속에는 바로에 대한 심판 역시 포함되어 있었다. 하나님의 명령을 좇아, 모세는 바로에게 이렇게 선포해야 했다. "네가 [이스라엘 백성을] 보내 주기를 거절하니 내가 네 아들 네 장자를 죽이리라"(출 4:23). 모세가 이를 아론과 그 백성에게 전하자 그들은 마침내 바로가 심판을 받는다며 기뻐했다(출 4:21-31). 하나님은 약속을 신실하게 지키셨고, 그분이 행하신 일련의 심판(재앙)들은 애굽 자손의 장자들이 죽는 데서 절정에 이르렀다. 그리고 하나님은 광야에서 이스라엘 백성이 그분의 뜻을 거슬러 금송아지 우상을 숭배한 것 역시 심판하셨다(출 32:27-28, 33-35).

하나님이 애굽을 심판하시자 백성이 다음과 같이 기쁨으로 찬미했는데, 어떤 이들은 불편해할 만한 내용이다.

"내가 여호와를 찬송하리니 그는 높고 영화로우심이요
   말과 그 탄 자를 바다에 던지셨음이로다.
여호와는 나의 힘이요 노래시며
   나의 구원이시로다.
그는 나의 하나님이시니 내가 그를 찬송할 것이요
   내 아버지의 하나님이시니 내가 그를 높이리로다.
여호와는 용사시니
   여호와는 그의 이름이시로다"(출 15:1-3).

1980년대에 이 본문에 곡을 붙인 현대의 복음송을 처음 접했을 때, 우리는 신이 나서 흥겹게 노래하곤 했다. 하지만 그때나 지금이나 하나님이 누군가에게 폭력을 행사하거나 그를 심판하신다는 내용은 많은 이에게 신앙의 걸림돌로 다가올 수 있다.

하나님의 심판이 어떻게 **복된 소식**이 될 수 있을까? 우리는 과연 그 심판을 긍정적인 방식으로 생각하고 말할 수 있을까? 하나님의 심판과 폭력에 대한 사람들의 불편한 질문에 어떻게 답해야 할까? 출애굽기에서는 심판의 주제가 중요하게 언급되며, 포스트모던 시대를 살아가는 현대인들의 귀에는 그 메시지가 자칫 가혹하게 들리기 쉽다. 그렇기에 이 장에서는 이 문제를 좀 더 자세히 다루어 보려고 한다.

하나님께도 심판은 '낯선 과업'이다

이 시대에 하나님의 진노와 심판에 대한 믿음을 불편하게 여기는 것은 주로 우리 서구인들이다. 리처드 도킨스는 자신의 책 『만들어진 신』에서 이렇게 언급한다. "오늘날 진보적인 윤리학자들은 어떤 형태의 응보적인 형벌 이론도 옹호하기 어렵다고 믿는다."[55] 타인에 대한 연민과 정의, 포용을 지지하는 이들이 도킨스의 관점에 동의하는 것은 어쩌면 당연하게 여겨질 수 있다. 그들에게는 하나님의 심판이 이미 이 세상에 존재하는 온갖 차별과 폭력을 한층 심화할 뿐이라는 주장이 상당히 설득력 있게 다가올 것이다.

사람들의 이런 분위기를 살피면서, 나는 성경적인 심판의 주제에 관해 그간 간과되어 온 한 가지 개념을 언급할 필요성을 느낀다. 그것은 우리가 심판을 **마땅히** 불편하게 여겨야 한다는 것이다. 이는 하나님도 그렇게 여기시기 때문이다. 이사야서 28장 21절에서, 선지자는 심판을 하나님의 "기이한 일 … [그분께도] 낯선 과업"("strange work … God's alien task", NRSV)으로 지칭한다. 하나님

---

55 Richard Dawkins, *The God Delusion* (Boston: Mariner, 2006), 287. (『만들어진 신』, 김영사)

은 인류 중 그 누구도 심판에 이르기를 바라지 않으셨다. 인간을 자신의 형상으로 창조하실 때, 그분은 그들 모두가 복되고 풍성한 삶을 누리기를 원하셨다. 우리는 온 인류를 향한 하나님의 크신 사랑을 반드시 확언해야 한다. 이에 관한 시편 36편을 보라. "여호와여, 주의 인자하심이 하늘에 있고 … 사람들이 주의 날개 그늘 아래에 피하나이다"(시 36:5, 7). 이 시편에서는 하나님의 사랑과 보호가 모든 이에게 미침을 노래한다. 그리고 잘 알려진 요한복음 구절도 그러하다. "하나님이 세상을 이처럼 사랑하사 …"(요 3:16)

압제자들을 향한 하나님의 심판

서구권의 안락한 대학과 집 안 거실에서 하나님의 심판을 헤아리는 방식과, 갈등과 억압으로 얼룩진 현실에 처한 타 문화권에서 그렇게 하는 방식 사이에는 큰 차이가 있다. 우리 서구권에서는 모든 폭력을 불쾌하게 여기며, 특히 그 주체가 하나님일 때에는 더욱 그러하다. 하지만 악인들의 폭력과 억압이 자신의 공동체와 지인, 심지어 가족들에게까지 해를 끼치는 다른 지역들의 경우, 하나님의 심판을 그저 납득할 만한 것으로 여기는 데 그치지 않는다. 오히려 그 심판은 인간의 삶이 유지되기 위한 필수 조건으로 간주된다. 우리 서구인들이 구약에 나타난 하나님의 심판을 바르게 이해하기 위해서는 그런 문화권에 속한 이들의 목소리를 귀담

아들어야 한다.

멕시코의 신학자 호세 미란다의 글은 내가 이 문제를 숙고하는 데 큰 도움을 주었다. 그는 멕시코의 취약 계층 노동자들 사이에서 사역하면서 성경을 계속 연구했다. 그 가정들과 함께 생활하면서, 하나님이 장차 그분의 공의를 확립하실 날을 갈망하게 되었다. 그는 구약 선지자들이 선포했던 "주의 날"을 논하는데, 이는 하나님이 다시 세상에 임하셔서 참된 샬롬, 곧 그분께 속한 깊은 평화를 회복하실 위대한 때를 가리킨다. "[이날에는] 이런 의미들이 담겨 있다. '드디어!', '마침내!' '온 인류가 수천수만 년에 걸쳐 기다려 온 바로 그날이 왔다!'"[56] 세상의 아픔과 슬픔에 깊이 공감하면서, 그는 악인들의 압제가 종식되고 하나님의 정의가 확립될 날을 간절히 고대한다. 이날에는 하나님의 극적인 개입으로 세상의 모든 억압이 마침내 사라질 것이다. 그리고 이 개입에는 압제자들을 심판하시는 일 역시 **포함되어야** 한다. 만약 그들이 여전히 힘을 행사하고 있다면, 어떻게 하나님의 샬롬이 널리 퍼질 수 있겠는가? 그러므로 그리스도께서 세상에 임하셔서 구원과 심판을 행하시는 일은 하나의 문젯거리가 아니다. 오히려 우리는 그 일을

---

56 Jos P. Miranda, *Marx and the Bible: A Critique of the Philosophy of Oppression* (Maryknoll, NY: Orbis Books, 1974), 109. (『마르크스와 성서: 억압의 철학 비판』, 일월서각)

통해 세상의 **진정한** 문제, 곧 인간들의 온갖 혼란과 고통이 해결된다고 여겨야 한다.

내게 도움을 준 또 다른 저자는 신학자이자 철학자인 미로슬라브 볼프였다. 볼프는 자신의 책 『배제와 포용』에서, 세상의 폭력과 불의 앞에서 우리가 보여야 할 기독교적 대응이 무엇인지를 묻는다. 크로아티아 사람인 그는 1990년대 초반에 있었던 유고슬라비아 전쟁을 숙고한다. 당시 그 지역에서는 크로아티아인과 보스니아인들을 아예 말살해 버리려는 고도로 조직화된 잔혹 행위가 기승을 부리고 있었다. '종족 청소'라는 어구가 최초로 사용된 것도 바로 이때였다. 이런 참상을 염두에 두면서, 볼프는 하나님의 인내와 심판의 관계를 탐구한다.

> 사람들은 이렇게 묻는다. "하나님이 정말 사랑이 많으신 분이라면, 가해자들에게도 계속 인내하면서 그들을 선한 방향으로 이끄셔야 하지 않을까?" 물론 하나님은 이미 그렇게 행하고 계신다. 그분은 인류 역사 전체에 걸쳐 악인들을 오래 참고 용납하셨으며, 이는 마침내 그리스도의 십자가에서 드러난 바와 같다. 하지만 그 오래 참으심이 언제까지 이어져야 하겠는가? 언젠가는 심판의 날이 임해야만 한다. 하나님이 그들의 처단을 늘 벼르고 계셔서가 아니다. 다만 이 폭력적인 세상에서 그분의 인내가 지속되는 동안에 인간의 폭력이 매일 더 늘어나고, 그분의 응징이 지연되는 중

에 더 많은 이가 무고한 모욕과 상해를 입기 때문이다. 성경에 따르면, 억울하게 죽임당한 이들의 영혼이 제단 아래서 주님께 이렇게 부르짖고 있다. "땅에 거하는 자들을 심판하여 우리 피를 갚아 주지 아니하시기를 어느 때까지 하시려 하나이까?"(계 6:10)[57]

하나님이 심판하시는 목적은 우리 인간의 모든 고통을 종식하시려는 데 있다. 압제자들이 사라질 때, 비로소 참된 샬롬이 찾아오기 때문이다. 물론 하나님은 인내심이 풍성하시지만, 무한한 인내는 끝없는 고통을 의미할 뿐이다. 하나님의 사랑과 진노가 양립하기 어렵다는 주장에 대한 응답으로, 볼프는 이렇게 언급한다. "전쟁의 포화에 그을리고 무고한 이들의 피로 물든 이 땅에서, [하나님의 진노와 사랑이 양립하기 어렵다는 개념은] 결코 설 자리를 찾지 못할 것이다."[58]

이런 초문화적인 통찰은 출애굽기에서 바로와 그 제국에 대한 하나님의 심판을 긍정적으로 묘사하는 이유를 이해하는 데 도움을 준다. 노예로 잡혀 있던 이스라엘 백성은 하나님이 빨리 권능으로 임하셔서 애굽의 바로를 문책하시기를 갈망했다(출 4:21-31).

---

57 Miroslav Volf, *Exclusion and Embrace: A Theological Exploration of Identity, Otherness, and Reconciliation* (Nashville: Abingdon, 1996), 289. (『배제와 포용』, IVP)
58 Volf, *Exclusion and Embrace*, 304.

그리고 하나님이 실제로 그렇게 행하시자 모세가 이렇게 그분을 찬미했던 것이다. "그는 … 말과 그 탄 자를 바다에 던지셨음이로다"(출 15:1). 이처럼 출애굽기에 담긴 하나님의 심판은 억눌리고 속박된 이들에게는 복된 소식인 동시에, 자기 부와 유익을 위해 다른 이들을 죽이고 압제하는 자들에게는 두려운 소식이었다.

이와 같은 통찰들은 또한 하나님이 천둥 번개와 큰 나팔 소리로 시내 산에 강림하신 이유를 헤아리는 데도 도움을 준다(출 19:16). 그곳에서 하나님이 율법을 수여하실 때, 그분의 거룩하심을 나타냈던 두렵고 놀라운 징표들은 신 중의 신이신 여호와 하나님이 그 율법들의 배후에 계심을 보여 주는 것이었다. 여기에는 장차 이스라엘 백성 중 누군가가 바로와 같은 권력과 부를 누리면서 그 백성을 사실상 "애굽으로 돌아가게" 만들 때, 왕 중의 왕이신 하나님이 친히 그들을 심판하실 것임을 알리려는 의도가 담겨 있었다.

심판과 하나님 나라

하나님의 심판이라는 주제는 성경 전체의 흐름에 어떻게 들어맞을까? 지금까지 출애굽기를 살핀 이 책의 여정에서, 당신의 관점이 이미 달라졌을지도 모르겠다. 아마 당신은 출애굽기에서 주님이 행하신 일들이 결국 그분의 온 창조 세계를 위한 것임을 헤아리게 되었을 것이다. 실은 출애굽기뿐 아니라 성경의 이야기 전체가 그러한 특징을 지닌다. 성경 드라마의 초점은 하나님이 인류를 위해 이 세상의 **역사** 속에서 행하고 계신 일들을 보여 주는 데 있다. 하나님은 우리와 그분과의 관계, 그리고 우리 서로 간의 관계가 **지금 이곳에서** 회복되도록 부지런히 역사하고 계신다. 그렇기에 우리는 다음과 같은 성경적 관점에 근거해서 늘 새롭게 생각해야 한다. 성경의 드라마에서는 그리스도께서 온 세상의 구주로 등장하신다. 그리고 하나님 나라는 마치 인류의 역사 전체에 걸쳐 이 세상의 치유와 회복을 위한 물품들을 실어 나르는 강력한 증기 기관차와 같다. 온 인류는 그 열차에 탑승해서 주님이 행하고 계신 일에 동참하도록 부름을 받는다. 또 우리는 그 나라를 다채로운 꽃들이 피어난 정원에 견주어 볼 수도 있다. 지금 그 정원은 세상 곳곳으로 확산되면서 주님의 아름다우심과 향기를 널리 퍼뜨리는 중이다. 우리가 그리스도를 따르는 일 가운데는, 마침내 그분이 다시 오셔서 만물을 새롭게 하실 때를 기다리면서 지금 이곳에서 하나님의 회복적인 통치에 대한 생생한 징표로 함께 살아가는 일이 포함된다. 우리는 그 나라를 위해 힘써 일하고 장차 임할 그때를 사모하면서 이렇게 기도한다. "[당신의] 나라가 임하시오며 [당신의] 뜻이 … 땅에서도 이루어지이다"(마 6:10).

이 하나님 나라의 소망은 다음과 같이 그분의 심판과 연관된다. 그리스도께서 이 세상을 향한 하나님의 선하신 목적들을 성취하기 위해서는 바로가 왕위에서 물러나야만 한다. 바로는 모든 선한 일들을 망쳐 놓는 자이기 때문이다. 바로가 여전히 노예들을 동원해서 자신의 국고성을 짓는 동안에는 하나님의 복된 소식이 온전히 실현될 수 없다. 그렇기에 바로나 그와 비슷한 자들은 모두 그분이 세상을 위해 예비해 두신 선한 미래로부터 마땅히 배제되어야 한다.

물론 우리는 모두 일종의 바로와 같은 이들이다. 이 점을 설명하기 위해, 다음의 일화를 소개하려 한다. 1905년 8월 16일자 런던의 "데일리 뉴스"에는 기독교 작가인 G. K. 체스터턴이 편집장에게 보낸 한 편지가 실렸다. 앞서 종교를 모든 악의 근원으로 간주했던 어느 독자의 편지에 대한 답장이었다. 그는 다음과 같이 응수했다. "'세상의 문제는 무엇 때문일까?'라는 물음의 답은 '바로 나 때문이다'가 되어야 합니다. 마침내 그렇게 답하기 전까지, 우리의 모든 신념과 이상은 한낱 몽상에 그칠 뿐입니다."[59]

결론: 우리는 하나님의 심판을 긍정적인 어조로 언급할 수 있을까?

처음에 언급했던 다음의 질문들을 살피면서 이 장의 결론을 맺

---

[59] 다음의 블로그에는 체스터턴의 이 일화와 그것을 둘러싼 사람들의 일부 오해를 분석한 글이 실려 있다. Jordan M. Poss: "What's wrong, Chesterton", https://www.jordanmposs.com/blog/2019/2/27/whats-wrong-chesterton.

겠다. "하나님의 심판이 어떻게 **복된 소식**이 될 수 있을까? 우리는 과연 그 심판을 긍정적인 방식으로 생각하고 말할 수 있을까?" 앞에서 우리는 그 심판을 통해 미래를 향한 소망의 가능성이 열린다는 것을 살폈다. 슬픔과 고통을 겪는 이들은 한 줄기 소망의 빛이 임하기를 염원한다. 지금 이 세상은 강한 마귀의 권세 아래 속박되어 있으며, 그 어두운 힘은 여러 기관과 군대, 기업과 소비주의, 은행과 개개인의 삶에서 드러난다(엡 6:12을 보라). 그리고 그 소망이 실현되기 위해서는, 파괴적인 세력들을 물리쳐 주시는 하나님이 우리 곁에 계셔야만 한다. 은혜로우신 하나님이 세상을 심판하신다는 것이 복된 소식인 이유는 이를 통해 어두운 세력들의 지배 앞에서도 견고하고 확실한 소망의 근거를 발견할 수 있기 때문이다. 우리는 그 소망 가운데서, 하나님이 그분의 은혜로 모든 이를 구원해 주시기를 기도할 수 있다.

아직 하나님을 믿지 않는 지인들을 상대로 그분의 심판에 관해 대화할 때, 우리는 그들의 말을 깊이 경청하면서 세심한 어조로 생각을 표현해야 한다. 특히 내가 거주하는 밴쿠버처럼 탈기독교적인 정황에 처한 곳에서는 더욱 그러하다. 그럼에도 하나님의 심판은 분명히 우리를 위한 그분의 복된 소식 중 일부다. 당신은 이 창조 세계 배후에서 자신의 권능으로 역사하시는 하나님의 그 복된 소식을 어떻게 생각하는가? 그분이 노예로 고통받는 이들, 원주민 기숙 학교의 비참한 생활에서 살아남은 이들이나 각종 학대에 시달리는 아이들과 함께 울며 아파하신다는 사실이 어떻게 다가오는가? 다음과 같이 그분의 심판을 선포하는 구약 선지자들의 메시지가 당신에게는 어떻게 들리는가? "보라, 나 곧 내가 그것을 보았노라. 여호와의 말씀이니라"(렘 7:11). 하나님이 용기를 주셔서, 우리도 그분을 노엽게 하는 일들 앞에서 마땅히 분노하게 하시기를 기도한다. 그리고 자신의 크신 능력으로 이 세상에 참된 미래를 가져오시는 그분을 향한 소망을 늘 간직하고 고백하게 하시기를 빈다. 이제 사무엘의 어머니 한나와 함께 이렇게 노래하자.

"여호와와 같이 거룩하신 이가 없으시니
　　이는 주밖에 다른 이가 없고
　　우리 하나님 같은 반석도 없으심이니이다. …
용사의 활은 꺾이고
　　넘어진 자는 힘으로 띠를 띠도다.
풍족하던 자들은 양식을 위하여 품을 팔고
　　주리던 자들은 다시 주리지 아니하도다"(삼상 2:2, 4-5).

이 장에서는 하나님의 심판이라는 어려운 주제를 다루어 보았다. 하지만 아직 우리의 시선을 하나님께로 직접 돌려서 그분이 누구이신지를 탐구해 보지는 못했다. 다음 장에서 당신은 (성경 본문들 속에서 드러나는) 하나님의 성품과 정체성을 숙고해 보는 일이 얼마나 큰 유익을 주는지를 알게 될 것이다.

| 읽 어 볼 글 들 |

- 출애굽기 7장
- 사무엘상 2장 1-10절
- 다니엘서 5장

| 생 각 해 볼 질 문 |

01 당신은 성경에 나타난 하나님의 심판 앞에서 어떤 태도를 품게 되는가?

---

02 하나님은 자신의 심판을 어떻게 여기실까? 당신은 하나님이 어떤 식으로든 그 일을 슬퍼하실 것이라고 생각하는가?

---

03 하나님의 심판은 왜 하나의 복된 소식일까?

9장

하나님

출애굽기의 하나님은 어떤 분이실까?

출애굽기에 담긴 하나님의 모습을 진지하게 받아들일 때, 우리는 그분을 어떤 분으로 바라보게 될까? 그 책에서 대면하게 되는 하나님은 어떤 분이신가? 성경, 특히 출애굽기가 주는 자극을 정직하게 수용할 때, 그분에 대한 우리의 인식은 어떻게 달라질까? (물론 성경 전체의 가르침을 염두에 두어야 할 것이다.)

이 장을 읽기 전에, 먼저 한 가지 실습을 해 보자. 성경책과 종이, 펜이 필요하다. 이미 출애굽기 전체를 읽어 두었다면 더 도움이 될 것이다. 출애굽기를 한 단락씩 훑어 나가면서(그 책의 구조를 살피려면 이 책의 서론을 보라), 당신이 그 단락에서 하나님에 관해 배운 것을 적어 보라. 기존의 신학적 범주들은 잠시 제쳐 두고, 본문

자체에서 말하는 바를 새롭게 들어 보려고 노력하기 바란다. 무엇보다 중요한 일은 그 메시지 앞에서 온전히 경탄할 마음의 준비를 갖추는 것이다!

우리의 신학적 과제

앞선 장들에서는 하나님의 크신 행적과 그분의 백성에게 주신 율법들을 다루었다. 이제는 그분께 직접 초점을 맞추어 보려 한다. 여기까지 출애굽기를 통해 살펴본 일 중에는 거대한 의미가 담겨 있었다. 우리는 출애굽 사건에서 드러난 하나님의 계시를 헤아려 보았다. 하나님은 바로와 그의 억압적인 통치를 심판하신 뒤, 이스라엘 백성을 시내 산으로 인도하셨다. 그리고 그 산에서, 율법을 주셔서 모든 이가 번영을 누리는 하나의 새 공동체를 이루게 하셨다. 잠시 생각해 보자. 이분이 바로 우리의 하나님이시며, 그분은 실제로 살아서 역사하신다! 세상의 중심에는 전능하고 긍휼이 많으신 하나님이 계신다. 그분은 매 순간 우리의 생명과 호흡을 유지하시는 동시에, 우리를 영적인 노예 상태에서 속량하시며 함께 교제하기를 원하신다(출 33:7-11). 우리 하나님은 강하고 능력이 많으시며, 온전히 의롭고 선하시다. 그분은 지금도 창조 세계를 향한 원래의 목적들을 이루어 가고 계신다. 고대뿐 아니라 오늘날의 바로 같은 자들까지도 전부 다스리고 통제하시며, 우리가 진심으로 그분을 경외하고 순복할 것을 명하신다. 이런 하나님의 성품과 정체성을 알아 가는 동안에, 우리는 그분의 뜻을 신속히 받들며 그 구원의 이야기 가운데서 우리의 역할을 기꺼이 감당해야 한다. 그리고 출애굽기에 담긴 하나님의 계시는 우리에게 참 소망을 주는 것이기도 하다. 그 계시는 온 세상이 그분의 소유임을 알려 주기 때문이다.

출애굽기의 신학

새로운 종류의 통치

출애굽기의 앞부분에서, 우리는 하나님이 '가장 낮은 자들'을 통해 역사하신다는 점을 살폈다. 거대한 제국의 찬란한 영광 대신, 어두운 그늘 속에 조용히 거하는 이들이다. 당시 하나님은 은밀하면서도 눈에 띄는 방식으로 그들을 한데 모으셔서, 이전과는 전혀 다른 사회와 통치에 관한 하나의 새 이야기를 만들어 가고 계셨다.

하나님의 거룩하심

호렙 산에서 모세가 마주했던 불타는 떨기나무는 하나님이 자신의 창조 세계를 확고히 통제하고 계심을 드러냈다. 이때 그분은 격하게 흔들리는 산들과 피로 물든 강물보다 더 작은 규모로 자신의 위엄을 가까이서 드러내셨다. 모세는 떨기나무 앞에서 하나님의 거룩하심을 경험했다(출 3:5). 출애굽기에서는 하나님이 "자신의 거룩함을 거스르는 모든 일에 대한 적대감"을 품고 계심을 알 수 있다.[60] 그렇기에 이 하나님의 성품은 이스라엘 백성과 다른 민족들에 대한 심판으로 이어질 수 있었다. 그런데 하나님의 거룩하심은 그저 그분의 범접하기 어려운 힘과 능력, 모든 신 위에 뛰어나신 그분의 위엄 가운데서만 나타나는 것이 아니다. (물론 모세에게 주신 다음의 명령은 그런 그분의 속성들을 뚜렷이 보여 준다. "네가 선 곳은 거룩한 땅이니 네 발에서 신을 벗으라"[출 3:5].) 그 거룩하심은 또한 인간 사회의 억압을 용납하지 않으시는 데서도 드러난다. 인간의 불의는 그분의 온전하신 성품에 대한 모욕이기 때문이다(출 3:8). 여기서 기억할 요점은 출애굽기에서 하나님이 사회 정의를 추구하시는 것이 그분의 거룩하심에서 파생되는 **부차적인 특성**이 아니라는 것이다. 오히려 그 일은 그분의 거룩한 성품 자체에 속한 **본질적인 부분**이다. 그렇기에 약자들을 괴롭히고 억압하는 자들은 이 거룩하신 하나님 앞에서 두려움에 떨 수밖에 없다.

---

60 J. Alec Motyer, *The Message of Exodus: the Days of Our Pilgrimage*, Bible Speaks Today (Downers Grove, IL: InterVarsity, 2005), 25. (『출애굽기 강해』, IVP)

장대한 역사 드라마의 주인공이신 하나님

하나님은 성경 이야기의 주인공이시다. 그분은 사랑과 기쁨으로 세상을 선하게 창조하셨다. 하지만 세상은 곧 인간의 반역으로 오염되고 말았다. 이제 하나님은 원래 의도하셨던 대로 세상을 풍성한 기쁨이 넘치는 곳으로 되돌려 놓기 위한 긴 여정에 착수하셨다.

하나님은 알고 들으시며 보신다

고대 세계의 여느 신들과 달리, 이스라엘의 하나님은 인간들이 각종 의식과 주술로 달래고 구슬려야만 관심을 보이시는 분이 아니었다. 호렙 산의 불붙은 떨기나무에서, 모세는 여호와 하나님이 친히 그 백성의 사정을 알고 들으시며 보시는 분임을 알게 되었다.

하나님은 아신다. "내가 … 그 근심을 알고"(출 3:7). 여기서 '알다'를 뜻하는 히브리어 동사에는 관계적이며 정서적인 의미들이 담겨 있다. 이는 그분이 애굽의 노예로 잡혀 있던 이스라엘 백성에게 친밀한 관심을 품고 계심을 드러낸다.

하나님은 들으신다. "내가 … 그들이 … 부르짖음을 듣고"(출 3:7). 여기서 '부르짖음'의 히브리어 단어는 억눌리는 자들의 호소를 지칭하는 전문 용어이다. 하나님은 특히 가난하고 착취당하는 이들의 탄식에 귀를 기울이신다(출 22:23; 신 24:13, 15).

하나님은 보신다. "내가 … 내 백성의 고통을 … 보고"(출 3:7). 이 구절에는 하나님이 왕 중의 왕으로서 모든 일을 헤아리신다는 의미가 담겨 있다. 마치 먹이를 낚아챌 준비가 된 한 마리의 매처럼, 하나님은 그분의 크신 보좌에서 인간들의 억압과 불의를 전부 내려다보고 계신다. "나 곧 내가 그것을 보았노라. 여호와의 말씀이니라"(렘 7:11).

하나님은 애굽뿐 아니라 가나안과 미디안 땅을 비롯한 온 세상을 주시하고 계신다. 마치 사랑 많은 어머니가 자녀들의 노는 모습을 지켜보듯, 그분은 모든 곳에 임하셔서 인간들의 삶에 관심을 쏟으시며 크신 능력으로 역사하신다.

열 가지 재앙: 신 중의 신이신 창조주 하나님

출애굽기에 기록된 열 가지 재앙은 하나님의 성품과 사역이 지닌 다음의 네 가지 측면을 보여 준다(출 7-11장).

1. **하나님은 위대한 왕으로서**, 바로에게 그 폭정의 책임을 물으신다. 예를 들어, 바로의 궁정에서 모세의 지팡이가 뱀으로 변했을 때 바로의 요술사들의 지팡이들 역시 뱀이 되었지만, 모세의 뱀이 그 뱀들을 다 삼켜 버렸다. 이는 장차 애굽인들이 홍해에 수장될

것임을 보여 주는 징표였다.[61]

2. **하나님은 의로우신 분으로서**, 특히 약자들에게 행한 불의에 대해 바로에게 책임을 물으신다. 그리하여 이스라엘 백성이 애굽에서 오랜 압제를 겪었듯이, 애굽인들 역시 오랜 재앙에 시달리게 된다.[62]

3. **하나님은 신 중의 신이시며**, 세상의 신 중에서는 그분과 견줄 자가 없다. 애굽인들은 태양을 최고의 신으로 여기고 숭배했다. 하지만 하나님은 애굽 전역을 대낮에 깊은 어둠 속에 가두심으로써, 그 '신'이 그분 앞에서는 전혀 무력한 존재임을 명백히 드러내셨다.

4. **하나님이 이스라엘 백성을 구원하신 것은 궁극적으로 온 창조 세계를 위한 일이었다.** 열 가지 재앙이 주는 전반적인 인상은 "창조 질서 전체가 그 싸움에 연관되어 있다"는 것이다.[63]

출애굽: 새 왕과 새 공동체

이스라엘 백성은 애굽의 노예살이에서 '건져 냄'을 받아서 약속의 땅으로 '들어가며', 모든 이, 특히 사회적 약자들이 번영을 누리는 새로운 공동생활 속으로 '들어가게' 된다. 출애굽 사건의 의미

---

61 Terrance E. Fretheim, "The Plagues as Ecological Signs of Historical Disaster", *JBL* 110 (1991), 388.
62 더 자세한 논의로는 Fretheim, "The Plagues", 394를 보라.
63 Fretheim, "The Plagues", 393.

는 그들이 이처럼 하나님을 새 왕으로 모시고 하나의 새 공동체를 이루어 가는 데 있다.

광야에서 하나님의 임재를 경험하다

하나님은 앞서 세상의 약한 자들을 통해 역사하셨듯이, 이제 메마른 광야에서 자기 백성을 대면하고 그들과 소통하기를 원하셨다(출 15-17장). 이곳에서 이스라엘 백성은 날마다 그분을 새롭게 신뢰하도록 도전을 받았다.

율법: 하나님의 말씀으로 세상과 대조되는 공동체가 생겨나다

인간들이 깊은 죄에 빠져 있을 때, 하나님은 가까이 임하셔서 그 죄를 사하시며 권세 있는 말씀으로 공동체들을 양육하셔서 그분과 사랑의 교제를 이어 가게 하신다. 마치 오케스트라의 지휘자가 잠시 단원들의 연주를 중단시키고 몇 가지 문제점을 바로잡아 줄 때, 그들이 더 조화롭고 아름다운 음악을 들려주게 되는 것과 같다.[64]

---

64 예를 들어, 이스라엘 백성이 금송아지 숭배의 죄를 범한 뒤에 하나님이 십계명을 두 번째로 선포하신 일을 생각해 보라(출 34:1-9).

하나님은 자기 백성과 이 창조 세계 안에 임재하신다

하나님은 성막을 통해, 이스라엘 백성의 공동체 한가운데 좌정하셨다. 그럼으로써 온갖 혼돈과 갈등이 가득했던 그들의 여정 속에 늘 동행하셨던 것이다(출 26-31장; 35-40장).

죄를 용서하시는 하나님

금송아지 우상 숭배 사건은 백성이 애굽에서 해방된 지 불과 몇 주 만에 일어났다. 하지만 하나님은 그 백성을 용서하시고, 그들의 여정에 계속 함께하기로 약속하셨다. 당대의 여느 신들과 달리, 하나님은 인간의 주문과 마술 따위에 반응하지 않으셨다. 자신의 뜻대로 "긍휼히 여길 자에게 긍휼을 베푸[는]" 분이셨기 때문이다(출 33:19). 하나님이 그들을 용서하신 일은 그분의 선하신 본성에서 유래한 것이었다. 그리하여 그분은 그 백성의 간절한 기도와 소원에 응답하셨다(출 33:17; 참조. 7:4).

함께 주님을 경배하자!

바로 이분이 우리의 하나님이시다! 세상의 중심에는 모든 일을 헤아리시며 가난한 자의 편에 서시는 인자하신 하나님이 계신다. 그분은 우리의 모든 죄와 허물을 용서하시고 한 가족을 이루게 하시며, 겸손한 자들을 찾으시고 광야에서도 함께하신다. 이 일을 생각할 때, 우리는 벅찬 소망을 품고 다음과 같이 노래하게 된다.

이제 죄와 슬픔이 자라는 일도,
  가시가 땅에 돋아나는 일도 없겠네.
저주가 가득한 이 땅에
  주님이 친히 오셔서
  그분의 복이 넘치도록 흘러가게 하시네![65]

---

65 아이작 왓츠의 찬송시 "기쁘다 구주 오셨네"(Joy to the World)의 마지막 연.

| 읽어 볼 글들 |

- 출애굽기 10장 1-20절
- 출애굽기 15장 1-21절
- 시편 148편

| 생각해 볼 질문 |

01 출애굽기에서 묘사하는 하나님의 모습은 그동안 알고 있던 그분에 대한 당신의 이해에 어떤 영향을 미치는가?

_____

_____

02 당신이 보기에, 출애굽기에 계시된 하나님의 성품이 그리스도의 생애에서 어떤 식으로 드러나는 것 같은가?

_____

_____

03 출애굽기에서 드러나는 이 하나님의 성품들을 바르게 깨달을 때, 당신이 속한 교회 공동체의 삶과 예배는 어떤 식으로 변화하며 성숙해지겠는가?

_____

_____

10장

결론

나는 1970년대 초에 태어났는데, 이후로 길지 않은 세월 동안에도 그간 거주해 온 도시들이 많이 달라져서 이제는 철저히 탈기독교적인 곳들이 되었다. 다른 한편으로 사람들은 다양한 종교와 영적인 실천에 관해 개방적인 태도를 보이며, 이는 우리 문화권이 어떤 의미에서 탈세속적이 되기도 했음을 시사한다. (내가 지금 거주하면서 글을 쓰고 예배하며 가르치는 밴쿠버는 확실히 그러하다.) 물론 미국에는 아직도 과반수의 주민들이 자신을 기독교인으로 여기는 주(州)들이 남아 있다. 하지만 지금 서구 문명의 전반적인 방향 자체는 매우 분명하다. 일반적인 의미의 종교적 신념은 용납할 만한 것으로 여겨지지만, 기독교는 종종 '골치 아픈 문제의 일부'로 간주되고 있다. 어쩌면 이 일은 그리 나쁜 것이 아닐지도 모른다. 그간 기독교는 이 시대의 우상들, 곧 소비주의나 개인주의와 민족주의, 심지어는 군국주의 같은 것들과 너무도 쉽게 타협해 왔다. 그렇기에 현재 기독교 안에는 세상의 일들에 관해 대안적인 비전을 제시할 권위도, 그리하려는 열망도 거의 남아 있지 않다. 많은 이가 교회를 식민주의와 제도적 폭력의 도구 중 하나로 여긴다. 하지만 그렇다고 아예 낙담할 필요는 없다. 오히려 우리는 성경에서 제시되는 그리스도의 부르심에 다시금 간절히 귀를 기울여야 한다.

그간의 내 경험에 따르면, 서구권에서 하나님 나라가 소생하고 있음을 보여 주는 가장 희망적인 징표는 바로 이웃을 사랑하고 그리스도의 회복적인 통치를 드러내면서 살아가는 (대부분 소규모의) 예배 공동체들이 하나둘씩 생겨나고 있다는 것이다. 이 공동체들은 권력과 부, 사회적인 영향력 등을 추구하지 않는다. 오히려 자기 낮춤과 섬김의 삶을 창의적으로 실천하며, 그리스도의 이름으로 기난힌 자들과 어울려 살아가고 있다. 그리고 이 공동체들은 포용적인 성격을 띠어서, 다양한 인종/민족과 경제적 형편에 처한 이들로 구성되어 있다.

우리는 여기까지 출애굽기를 다루면서, 하나님이 그분께 속한 백성의 공동체를 새롭게 세우시고 사랑에 근거한 자신의 통치를 확립하시는 모습을 살펴보았다. 그분은 이를 통해 인류의 형제자매 됨을 회복하는 동시에, 특히 소외된 이들을 보호하려 하셨다.

하지만 성경 역사의 과정에서, 이스라엘 백성은 이 부르심을 제대로 받들지 않았다. 그들은 끊임없이 우상 숭배와 불의를 행했으며, 결국 약속의 땅에서 추방되었다. 이후 오랜 시간이 흘렀을 때, 참된 왕이신 예수님이 오셔서 1세기의 이스라엘에 하나의 새 공동체를 이룩하셨다. 그분의 목적은 이들을 통해 고대의 이스라엘 백성을 향한 하나님의 계획들을 온전히 실현하려는 것이었다. 그리고 복음서들의 관심사 역시 이 신자들의 공동체에 있다. 그 본문들에 담긴 주기도문의 주체가 복수형으로 되어 있는 것도 바로 이 때문이다. "하늘에 계신 **우리** 아버지여", "**우리에게** 일용할 양식을 주시옵고." 어떤 의미에서, 예수님은 이스라엘 백성이 마땅히 그리해야 했을 방식대로 살아가는 하나의 공동체를 만들어 가고 계셨다. 이 예수님의 공동체는 그저 평범한 고대의 여러 공동체 중 하나에 그치지 않았다. 아니, 오히려 매우 독특하고 구체적인 성격을 띤 집단이었다. 그리스도를 따르는 이들은 하나의 '가족'이었으니, 그들 모두가 하나님을 자신의 아버지로 모셨기 때문이다. "하늘에 계신 우리 아버지."

출애굽기 역시 신자 개개인을 위한 책이 아니다. 우리 각자의 힘만으로는 하나님의 통치가 지닌 이 공동체적인 성격을 제대로 드러낼 수 없기 때문이다. 지금 하나님은 전 세계 곳곳에서 그분을 섬기는 여러 예배 공동체들을 양육하고 계신다. 이들은 성령의 사역 안에서 함께 나누는 예배와 교제를 통해 하나님 나라의 전조를 드러내는 이들이다. 하나님은 한 백성을 부르셔서 온전히 새로운 공동체를 창조하셨으며, 이들을 각 지역과 도시에서 그분이 행하시는 사랑의 통치를 전파하는 전초 기지로 삼으셨다. 그리고 그 목적은 모든 이로 하여금 하나님 나라의 풍성한 기쁨에 동참하며 그분 앞에 무릎 꿇고 예수 그리스도의 주 되심을 고백하게 하시려는 데 있었다.

지금도 성령님은 하나님 나라의 공동체를 계속 이루어 가시는데, 그 사역의 중요한 부분은 우리에게 성경을 새롭게 읽는 법을 일깨우시는 데 있다. 그리하여 우리는 성경에서 하나님의 참모습을 발견해 나가면서, 여러 차례의 회심을 다시금 경험하게 된다. 이때 우리는 인자하신 하나님을 온전히 찬양하게 될 것이다. 그분은 세상의 중심에 계시면서 매 순간 우리에게 생명과 호흡을 베푸시며, 가난한 자들을 일으키고 우리 죄를 사하시는 동시에 우리를 하나의 가족으로 결합시키신다. 그리스도는 하나님께 속한 이 창조 세계의 열쇠가 되시니, 이는 만물이 그분을 통해 창조되고 그분을 위해 존재하기 때문이다. "그가 만물보다 먼저 계시고 만물이 그 안에 함께 섰느니라"(골 1:16-17). "그에게 영광이 세세에 있을지어다. 아멘"(롬 11:36).

| 읽 어 볼 글 들 |

- 마가복음 3장 31-35절
- 사도행전 2장 42-47절
- 사도행전 4장 32-37절

| 생 각 해 볼 질 문 |

01 출애굽기를 읽는 일은 구약을 바라보는 당신의 관점에 어떤 영향을 주었는가?

_____

_____

02 그리고 당신이 속한 교회의 나아갈 길에 대한 당신의 상상력에 어떤 영향을 주었는가?

_____

_____

03 출애굽기는 당신 자신과 가족에게 어떤 방식으로 하나님 나라의 징표로 살아가라고 제안하고 있는가?

_____

_____

추천 도서

Terence E. Fretheim. *Exodus*. Interpretation. Louisville: John Knox, 1991.
(『출애굽기: 목회자와 설교자를 위한 주석』, 한국장로교출판사)

프렛하임의 주석에는 탁월하고 창의적인 논의가 담겨 있으며, 사려 깊은 성경 독자들에게 추천할 만하다.

Carol Meyers. *Exodus*. The New Cambridge Bible Commentary. Cambridge: Cambridge University Press, 2005.

마이어스의 주석은 진지한 성경 학도들, 특히 역사적인 이슈나 해석상의 여러 질문을 숙고하기 원하는 이들에게 추천할 만하다. 그녀는 구약의 여성 문제에 관해 권위 있는 학자다.